図解 すごい立地戦略

ディー・アイ・コンサルタンツ
榎本篤史　植井陽大

PHP

失敗しない出店戦略

2017年に好評だった『すごい立地戦略』（PHPビジネス新書）の発刊から6年。

立地をめぐる環境は、大きく変化したと感じます。

その理由の1つは、新型コロナウイルスの影響です。

人の移動が制限され、業種を問わず多くのリアル店舗が苦境に立たされました。

コロナが明けた今も、その影響は続いています。

2つ目は、値上げラッシュ。都心の地価や物価、電気代の高騰などを受け、「良い立地」を諦める飲食店、小売業、サービス業は少なくありません。

3つ目は、人口減少。これについては6年前から引き続きではありますが、顧客が減り続ける土地で生き残るのは至難の業です。

こうした現状をふまえ、**「資本力に頼らなくても立地戦略を駆使した生き残り方を探る」**。

これが、本書の目的です。

　本書は、前著『すごい立地戦略』の内容をベースに、「図解と
クイズでわかりやすく立地戦略を学ぶ」というコンセプトで情報
をアップデートしています。

　カフェやそば屋、サロンなど、出店を考えている人はもちろん、
企業の店舗開発担当者、店舗出資者を対象に、**立地の基本が学べ
る「入門書」**という位置づけで解説しております。

　そのため、**「これさえ押さえれば失敗しない」**という立地戦略
のエッセンスに絞って解説しています。

　店舗開発は、少なくとも数百万円の資本金が必要です。

　苦労して貯めた資金を数カ月で溶かさないためにも、まずは基
本だけでもきっちり押さえてほしい。

　これが、本書を通じて私が一番伝えたいメッセージです。

　基本とは申したものの、立地戦略のエッセンスを押さえれば、
失敗しないどころか、家賃の割に儲かる「お宝立地」を探すこと
も可能です。

　本書を通じて、あなたの店舗ビジネスが成功することを祈念し
ております。

立地戦略の基本となる
「10の思考法」

　当社はこれまで、20年以上にわたって数多くのクライアントの立地調査に携わってきました。

　特に多いのはチェーン店ですが、ときには鹿児島県の徳之島から、「島で唯一（当時）」というスーパーマーケットの社長さんが相談に来てくださったこともあります。

　その過程で、立地と売上にはどんな関連があるのかを調べ、独自に情報を積み上げてきました。

　そしてそれらをもとに、店舗の売上に影響を与える立地の要素を10に分類しました（図1）。この10要素が「売上要因」です。

　本書では、さまざまな立地の事例を取り上げながら、なぜその立地がいいのか・悪いのか、どういう立地に店を出せば売上が上がるのか、出店を考える際には立地のどこに注目すればいいのか、それらを具体的に解説しています。

　まずはプロローグで、10個の「売上要因」とはどんなものな

図1 | 売上を支える立地・商圏要因

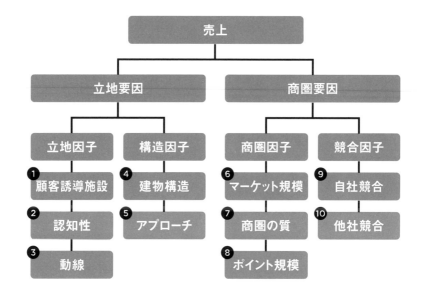

のか、その概要をご説明しましょう。

　図1をご覧ください。本書で語られる内容は必ずこの10要素のどれかに当てはまります。

　どの要素に当たるのか、気になったときにはぜひこのプロローグに戻って、それぞれの要素を確認していただきたいと思います。

　店舗の「売上要因」は、大きく分けて「立地要因」と「商圏要因」の2つに分かれます。

　「立地要因」は、狭い範囲で売上に影響を及ぼす要因で、店の立つ土地や建物、周辺の環境などがそれに当たります。

「商圏要因」は、店を中心に半径数キロから数十キロといった広範囲で、売上に影響を及ぼす要因です。

　さらに「立地要因」は、店の場所に関わる「立地因子」と、建物や敷地に関わる「構造因子」に分けられ、「商圏要因」は、商売をするエリアに関わる「商圏因子」と、自店のライバルに関わる「競合因子」に分けられます。

　それぞれの要素がどうなれば売上が上がるのか、簡単にまとめましたのでひとつずつ見ていきましょう。

①**顧客誘導施設**——顧客を惹きつける施設のこと。利用者が多い都心の駅や、大規模商業施設、ショッピングセンター、交通量の多い幹線道路や交差点などがそれに当たります。

　顧客誘導施設が近くにあるかどうかで、売上は大きく変わってきます。

②**認知性**——「どこに店があるか」を示すのが認知性。通行人やドライバーから店が「見えるか・見えないか」を評価する「視界性」と、そもそも店の存在自体を「知っているか・知らないか」を評価する「周知性」に分かれます。

　当然ながら、看板などによって見えやすく、有名な店舗のほうが売上は上がります。

③動線——２つの顧客誘導施設をつなぐ道を指します。たとえば、駅で降りた人がデパートへ向かう道筋、それが動線となります。

　顧客誘導施設が複数になれば動線も複雑になり、わかりにくく、変化しやすくなるのも特徴です。人の多く通る動線を把握し、その動線上に出店することが売上アップにつながります。

④建物構造——単純に店の建物だけでなく、店舗の面積や駐車場の台数、入り口の数や位置、座席数なども含みます。

　基本的に店舗は広く、駐車台数も多く、店舗も駐車場も複数の出入り口を確保し、メインの道路に面した間口の広い入り口が望ましいです。飲食店では座席数も重要で、多すぎず少なすぎず、いつもちょうど満席ぐらいがベストです。

⑤アプローチ——店舗や店の敷地への入りやすさ・入りにくさを示します。たとえば店の前の歩道幅が広く、駐車場にターンできるスペースがあると入りやすいため、売上アップが期待できます。

　逆に「店に入りにくい」と思わせてしまう場合には、ある理由が考えられるので、これについては後ほど詳しく解説します。

⑥マーケット規模——一般的な「商圏」と同じ概念で、店舗から半径何キロにどれだけの人が住んでいて、働いているか、その量を表します。一言でいえば人口量です。

　店舗の周りに多くの人が住んでいたり、多くの人出があれば、

それだけで売上が上がる可能性がありますので、出店の際には絶対に調べるべき指標です。人が多いのに売上が低ければテコ入れを、人が少ないことがわかれば多い場所への移転や撤退を考えます。

⑦**商圏の質**——人口量は重要ですが、単純に人が多ければいいというわけでもありません。その商圏の中に、自店の顧客となるターゲットが多くいるかどうか、つまり人の「質」が問われます。

　年齢、性別、職種や家族の人数、収入などが質を調べる指標となります。自店の顧客層となる人が多い場所に出店してこそ、売上アップが見込めます。

⑧**ポイント規模**——店の前を歩く人の数を通行量、店の前の道路を走る自動車の数を交通量といいます。

　新規出店の際には、⑥マーケット規模とあわせて調べてもらいたい要素です。

　曜日や時間帯、天候によっても変わるため、さまざまなパターンでの計測が必要になります。通行量も交通量も多いほうが売上アップにつながりますが、歩く速度や道行く人の服装もチェックして、⑦商圏の質も同時に確認することが欠かせません。

⑨**自社競合**——チェーン店の場合は、「扱う商品」「価格」「提供方法」が同じである自社チェーンの他店が最大の競合です。

　ある地域に集中的に出店することでシェアを獲得するドミナント戦略や、フランチャイズ展開を採用しているチェーンは、近隣の同じチェーン店と顧客を獲りあうことにならないか、店舗どうしの影響を考えなければいけません。

　自社チェーンのことは忘れがちですが、売上が低いと思ったら自社チェーンの他店に顧客を獲られていないかご注意を。

⑩**他社競合**——他社と扱っている商品、価格、提供方法の３点が似ていれば似ているほど、売上に影響を受けます。

　同業者はもちろん、近年は業種業態間の垣根が低くなり、さまざまな業態の店が競合となる可能性があります。

　最近では、ファストフード店のライバルにイートイン・コンビニが加わりました。⑨自社競合で挙げた３点を比較して競合の強弱を評価し、自店の弱いところは対策を立てて実行する必要があります。

　いかがでしょうか？

　これらの要素を把握して街を見渡してみるだけでも、これまではただひしめいていたお店の数々を見る目が変わってくると思います。

　勘のいい方なら「あの店がなぜ売れているのか」「あのチェーンがどんな戦略をもっているのか」など、わかってしまうかもしれません。

出店をお考えの方、あるいはすでに店舗経営をされている方は、10要素を把握し、チェックすることで、計画的な出店戦略を練ることができます。

　新規出店の際にはチェック項目として活用できますし、既存店であればどの要素が足りていないのか、売上が上がらない要因がどこにあるのかを判断するヒントにもなります。

　この基本を踏まえたうえで本文を読み進めていただければ、立地戦略とビジネスモデルについて体系的に理解が深まるでしょう。

　なお、10要素と売上の関連は、「売上要因分析」といって、実は計算式を使って定量的に表すことができます。

　しかし、本書では立地戦略の概略を徹底的に理解し、体感していただくことを目的としていますので、売上要因分析の計算式については省略します。

　我々が実際に売上要因分析を行い、新店がどれくらい売り上げるのかを予測する「売上予測」を行う際には、10要素をさらに細分化して60～70ほどの要素を用います。非常に専門的な内容です。

　本書を読んで、さらに深く立地と売上について知りたいと思ってくださった方は、『立地の科学』（ダイヤモンド社）、『店舗出店戦略と売上予測のすすめ方』（同友館）をご一読いただければと思います。

　それでは第1章から見ていきたいと思います。

　うまくいっている店、企業というのがどれほど真剣に立地を考えているかを感じ取り、店舗経営者もそうでない方も、街を見る目が変わることを願っています。

CONTENTS

目次 －図解 すごい立地戦略－

第 1 章

立地戦略の基本「お客様の心理」を学ぼう

第4章

判断を曇らせる!「立地戦略の誤解」

第5章

出店戦略の実践

第 **1** 章

立地戦略の基本
「お客様の心理」
を学ぼう

まずは、私たちの身近に必ずある「道路沿いにある店舗」、すなわちロードサイドの店舗を中心に見ていきます。

　同じチェーンの店舗でも、駅前の店舗とロードサイドの店舗では店舗の形態も異なれば、出店戦略も異なります。

　そこには「運転中のドライバーから見た店の見え方」や「ドライバー目線での入りやすさ・入りにくさ」など、さまざまなユーザー視点が見事に織り込まれているのです。

**　人間の心理が立地戦略に深く影響していることもわかっていただけるでしょう。**

　そのため、立地戦略とはいったいどんなものか、その大枠を体験的に理解しやすいのがロードサイドの店舗だと筆者は考えています。

　自動車を運転される方は、ドライバー目線で、普段通る道を思い出しながら読んでいただけると、「わかる！」と思わず共感する内容が目白押しではないかと思います。

　運転しない方も、大通りや通り沿いの店は身近にあると思うので、ロードサイドをイメージしながら読み進めていただき、立地戦略の基礎を理解していただければ幸いです。

「心理的障害」とは何か

Q | あなたがお店を新設するなら、どこでしょうか？

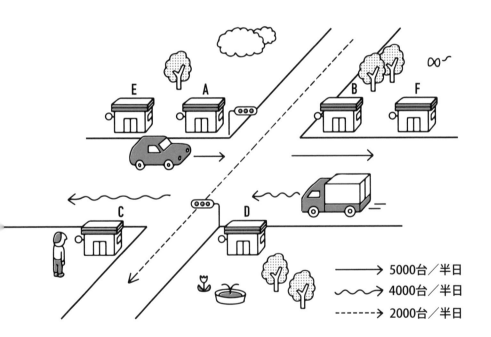

→ 5000台／半日
〜〜〜→ 4000台／半日
------→ 2000台／半日

ヒント ━━━➤ ⑤「アプローチ」の要素で考えてみよう

ドライバーから見て、「出やすいお店」は?

　まず、交差点で交わる２本の道路については、交通量の多いほうを基準に考えます。

　自動車が半日で５０００台走る道と２０００台走る道では、５０００台走る道のほうが基準になります。

　できるだけ人口が多いところに出店する考え方と同じで、少しでもお客様をつかむチャンスを増やすためには、もっとも交通量の多い道を基準に考えるのです。

　ですから、半日で５０００台走る道と４０００台走る道でも、５０００台の道が基準になります。

　基準にする道を選んだら、その道の「左側」に照準を絞ります。対向車がいて、右折しにくいからです。その時点で、進行方向右側にあるＣ、Ｄの立地は候補から消えます。

　では、交通量の多い左側にある残りのＡ、Ｂ、Ｅ、Ｆはどこでもいいのでしょうか。いいえ、そうではありません。

　交差点に信号がある場合、信号の手前よりも、信号の先にお店があったほうがいいとされています。

　それは、なぜでしょうか?

手前でも奥でも車での入りやすさ・入りにくさは変わらないと思われるかもしれませんが、出るときを想像してみてください。

**　お店の駐車場から道路に出るときは、信号の奥のほうが出やすいですね。**

　信号待ちでクルマが連なって止まっていると、手前のAやEのお店からは出られません。列が途切れたときか、列のどこかに割り込まなければいけないからです。信号が青になり、車の列が動いたタイミングでようやく道に出られます。

　よって、交差点手前のAとEは候補ではなくなります。

　これが信号より先のBの場所であれば、渋滞していない限り、信号が赤の間に道路に出ることができます。

**　道路に出るための障害が交差点手前よりずっと少ないのです。**

　ドライバーは運転中、視野がギューッと狭まるといわれています。周りの景色をよく見ているというより、前の車や信号、横を走るバイクなどに注意を向けています。

　これが、信号で止まった瞬間にポンと視野が開けてリラックスできます。信号で止まると一瞬ホッとしませんか？

　まさにそのときに、狭まっていた視野が開けて、「あ、信号の先にコンビニがあるな」と認識できるのです。

　では、BとFはどちらがいいのか。

　2つの立地の違いは、Bが交差点の「角地」にあるという点で

す。角地というのは、２本の道路に面している場所のこと。この図では、５０００台が走る道と２０００台が走る道です。

　そうなると、Ｂは両方の道からお客様を集められるので、７０００台の交通量を持つ立地ということになります。対してＦは５０００台です。

よって、より交通量の多いＢがベストな立地です。

　ちなみに、立地に関わる業界では、Ａを「送り角」、Ｂを「受け角」といいます。ロードサイドに出店するならば、２つの道に面する交差点の角地の「受け角」を狙うのがセオリーです。

　なお、これはコンビニの立地、特にセブン‐イレブンに顕著な立地戦略です。

　もし「送り角」にセブン‐イレブンがあったら、私は「あぁ、今は『受け角』の土地を狙って交渉している最中なんだなぁ」と思うくらい、徹底しています。

　お客様の目線で考え、心理的障害物を取り除くことがどれだけ大切か、この例でわかってもらえるのではないでしょうか。

 　「Ｂ」のお店。退店時にドライバーが、出やすいため。

お客様心理 その2

「認知性」の大切さ

Q | あなたはロードサイドにお店を出店しようとしています。
さて、アウトカーブとインカーブどちらに出店しますか？

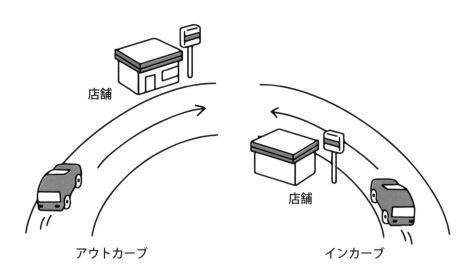

店舗

アウトカーブ

店舗

インカーブ

ヒント ➡ ②「認知性」 の要素で考えてみよう

ドライバーから、
いかに「気づいてもらえるか」

マクドナルドは立地戦略に基づいて、足並みが揃った出店をしていると感じています。

店舗数は非常に多いのですが、出店場所を細かく分類して、それこそ数百通りほどにも分けて、売上予測を立てていると聞いています。

それだけ綿密な出店をしているマクドナルドは、ロードサイドのカーブの立地に際立った特徴を持っています。

カーブには、アウトカーブとインカーブの2種類があります。

店がカーブの外側にあるのがアウトカーブ、店がカーブの内側にあるのがインカーブです。

マクドナルドは、カーブに出店する場合、どちらに店舗を構えるか決めています。

どちらだと思いますか？

正解は、アウトカーブです。 カーブしている道の外側、カーブの中盤から曲がり切るかどうかの場所に出店しています。

なぜアウトカーブなのでしょうか。

その理由はドライバーの目線でわかります。

クルマを運転しているとき、どちらのカーブの場合も視線はカーブの外側のほうへと動きます。

　よって、アウトカーブに店を構えれば、カーブを曲がるとほぼ真正面にお店が見えてきます。

　しかも、お店のかなり手前、カーブの曲がりに差し掛かったあたりからお店が見えてきます。

　一方で、インカーブに店を出しても、視線はカーブの外側のほうへ動きますので、反対車線のほうを見ていることになり、店には目がいきにくいのです。

　ただし、右から左へカーブする道のアウトカーブ側にお店があったとしたら、真正面にお店は見えてくると思うのですが、左側通行のため見えにくいうえ、お店にはかなり入りにくいですよね（図1-2-1）。

**　よって、マクドナルドはアウトカーブ、しかも二車線道路ならば左から右へカーブしている場所を中心に出店しているのです。**

　今度、運転されるときは、お店がアウトカーブに多いことを実感していただきたいと思います。

　二車線道路の場合、左カーブと右カーブのどちらのお店に目がいくかも、意識して見ていただくと面白いでしょう（ただし、くれぐれも安全運転でお願いします）。

図1-2-1 ｜ 右から左へカーブする道

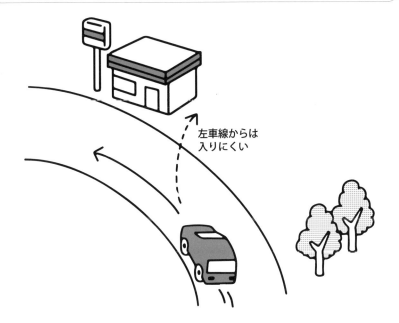

左車線からは
入りにくい

　運転しない方は、ショッピングモールでもなんでも、カーブし
ている道を見つけたら、「カーブの内側と外側のお店、どっちが
目につくか」を試してみてください。

　内側よりも外側のほうが目に入りやすいと思います。

　このように、ドライバーの目線まで考慮したうえで、出店先は
決められているのです。

 アウトカーブ。カーブの曲がりに差し掛かったあたりから
お店を認識できるため。

お客様に嫌な記憶を残さない

 Q | 駐車しやすいのは、AとBどっちのスーパー?

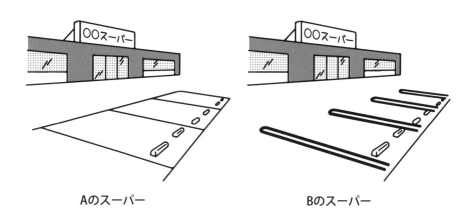

Aのスーパー　　　　　　　Bのスーパー

ヒント ➡ ⑤「アプローチ」の要素で考えてみよう

「それだけのこと」で、お客様は来なくなる

　左のイラストをご覧ください。

　AとB、どちらも都内にあるスーパーマーケットの駐車場のイラストです。

　Aのスーパーとスーパー、クルマでやってきたあなたは、どちらの駐車場のほうが駐車しやすそうだと思いますか？

　Aのスーパーの駐車場では、駐車スペースを区切るラインが1本線です。最もオーソドックスなラインです。

　一方、Bのスーパーの駐車場は、ラインがU字形をしていて二重線になっています。最近、さまざまな駐車場で見かけるようになってきました。

　どちらでも変わらない方もいるかもしれません。

　ですが、**運転が苦手な方、特に女性で運転が得意ではない方からすると、実はBのスーパーのような二重線になっている駐車場のほうが、ずっと駐車しやすいと感じるそうです。**

　これは、二重に線がある分、隣の自動車との間隔が広く見えるからだといわれています。

　実際は、ラインが1本でも2本でも隣の自動車との間隔はたい

して変わりません。

　しかし、二重線になっていることで、１本のときよりも隣の自動車との幅がある、スペースが広くなっているように錯覚するわけです。

　駐車場にバックで停めることに対して苦手意識を持っている方も多いなか、心理的障害を軽減するために、女性のお客様が多いスーパーマーケットやデパート、ドラッグストアの駐車場などでは、Ｕ字形の二重線を採り入れる工夫をしています。

　運転が得意な方からすると、「たったそれだけのことで？」と思うかもしれません。

　しかし、小さな心理的障害を侮（あなど）ってはいけません。

　来店時、駐車に失敗して車体をこすったり、隣の車と接触しかけたりすれば、それが嫌な記憶として残ってしまいます。

　すると次回以降「あの店はやめておこうかな」という気持ちが湧いてしまうのです。

　このスーパーから遠からぬ場所に駐車しやすいお店があれば、「あのスーパーは駐車しにくかったから、こっちのスーパーにしよう」と思って通わなくなってしまうこともあるのです。

　頻繁（ひんぱん）に通ってくれる主婦の来店チャンスを、こうした理由で逃していくのは惜しいことだと思いませんか？

　ちょっとした違いかもしれませんが、こうした小さな工夫の有無が、「次の来店」につながるかどうかを左右するのです。

 　「B」の駐車場。二重に線がある分、隣の自動車との間隔が広く見えるから。運転が苦手なお客様でも駐車しやすい。

お客様を
不安にさせない

Q | イラストのある部分を見ると、お店への入りにくさがわかります。では、イラストの「ある部分」とはどこでしょう。

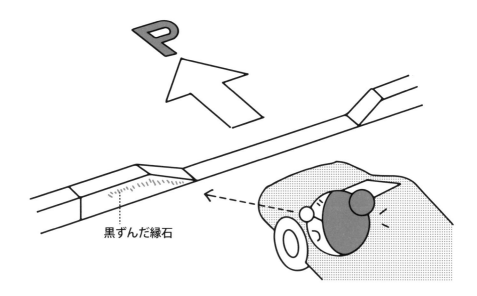

黒ずんだ縁石

ヒント ➡ ⑤「アプローチ」 の要素で考えてみよう

📍 「入りやすいお店」は、 それだけで価値がある

お客様の来店チャンスを確実につかむためには、それに適したアプローチのある立地を選ぶ必要があります。

これは、10 の売上要因のうちの立地要因・構造因子「⑤アプローチ」に当たります。

前項目の駐車場のラインも、ここに含まれます。

アプローチとは、いわば店舗の敷地や建物そのものへの入りやすさのことです。

心理的障害が高くなると、お客様はお店に入ってきてくれません。繰り返し来店いただくためにも、店舗側はできる限り入りやすい工夫、「入りにくい」と思われない工夫をすべきです。

たとえば、ロードサイドの店舗にクルマで入ろうとするとき、歩道の縁石が低くなっているところから入ろうとしますが、片方のタイヤが縁石の端をこすって乗り上げるような状態になることがあります。

「あっ！　やっちゃった……！」

気をつけて曲がったつもりなのに乗り上げてしまい、車体のどこかにキズが付いたりしていないかと焦りますよね。

イラストの縁石は、一部が黒ずんでいます。

ロードサイドの店の進入口付近の縁石をよく見ると、こうなっているところは珍しくありません。何台ものタイヤがこすったために、変色しているのです。

　なぜ、頻繁に乗り上げてしまうのでしょうか？
理由は、駐車場の進入口の幅が狭いからです。

　縁石というのはひとつが60センチほどで、およそ10個分、約6メートルが縁石の幅になります。それに対して進入口の幅がどれだけ確保されているのかが重要です。
　乗り上げている自動車が多いようであれば、進入口の幅が狭いということ。
　一度乗り上げてしまったお客様は、「また乗り上げたら嫌だな」「いつか本当に車体をこするんじゃないだろうか」と考えてしまい、お店から足が遠のきます。

　ちょっとしたことですが、進入口の幅というのも「心理的障害」になり得ます。
　出店する際、建物そのものや敷地の広さ、交通量などはみなさん気にするものですが、道路からの入りやすさも考えてほしいポイントです。
　実際に運転してみて、駐車場に入りやすいか確かめることをおすすめします。

「入りやすさ」という点では、道路から右折して入ってくるお客様のことを考えた立地というのも、ファミリー層向けのお店では重要です。

　対向車線をまたがなければいけないため、右折を苦手とする方は女性を中心に多くいます。

　私の知人女性は、絶対に右折したくないがために、右側のお店に入るときには３回左折するといっていました。

　そこまでではないにせよ、「右のほうにコンビニが見えるけど、できればここで右折したくないから、もう少し先の左側にあるコンビニに行こう」。そんなふうに思ったことがある方は、決して少なくないのではないでしょうか。

　対向車線にビュンビュン自動車が通るようなところで右折をしようと思うと、タイミングを待たなければならず、後ろの自動車からの無言のプレッシャーに焦りが募ります。

　しかし、右折が苦手な方でも、落ち着いて曲がれる地帯が道路上にはあります。

　図１-４-１をご覧ください。斜線の部分は、道路のセンターラインに沿った「導流帯」というスペースです。導流帯があると、この中に止まって曲がるのを待つことができます。

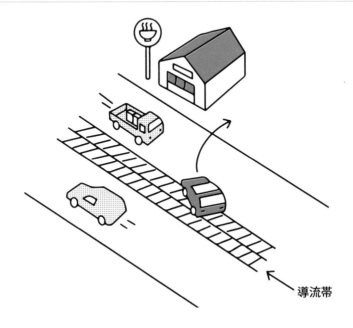

図1-4-1 | 導流帯で右折を待つ

導流帯

　後ろからの自動車は横を通ることができるので、いつまで待っていても文句をいわれることはありません。

　実は、こういった導流帯があるようなところに、丸亀製麺をはじめ、サイゼリヤなどのファミリー層向けの大手飲食チェーン店はきちんと出店しています。

　この手のお店は、お母さんと子どもというペアで来店されるお客様も多いため、運転しているお母さんに配慮しているわけです。

　すべてのロードサイドの店舗がそうだというわけではありませんが、大通り沿いの丸亀製麺やサイゼリヤは「セオリーどおりの

ところに出しているな」と思うことが頻繁にあります。

「大手だからどこに出店しても儲かる」と思われがちですが、お客様に少しでも「入りやすい」と思っていただける場所を考えて出店しているからこそ、チェーンの人気を維持することができるのです。

縁石の一部が黒ずんでいる。なぜなら、入り口が狭く、クルマが何度もタイヤを縁石にこすっているから。

「ターゲットの利便性」を考える

Q 下の左と右のイラストは、どちらが新しい時代のコンビニでしょうか。理由と合わせてお答えください。

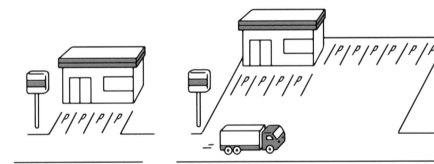

ヒント ➡ ④「建物構造」の要素で考えてみよう

なぜ、コンビニの「駐車場」は 進化するのか？

　ロードサイドにあるコンビニエンスストア、特に郊外にあるようなコンビニは、今どこも駐車場がとても広くなっています。

　コンビニが増え始めていた１９７０年代頃は、左のイラストのような配置のコンビニが多かった印象があります。

　駐車場は店の目の前にくっつくようにして４〜５台分、道路から突っ込んで駐車するかたちです。

　このタイプの駐車場は、入るのにはいいのですが、出るのが大変です。駐車スペースも広くないので、そのままバックで後ろの通りを気にしながら出るしかありません。

　運転が苦手な人には嫌な立地でしょう。

　今は右のイラストのような配置が主流で、左のイラストのような立地のコンビニはほとんどなくなっています。

　どちらがドライバーにとって利用しやすいか、一目瞭然ですね。

　以前のコンビニは１００坪ぐらいだったのですが、今は平均６００坪ほどです。

　しかも、店舗の建物自体のサイズはほぼ変わっていません。

　ですから、６倍にもなっているのは駐車場のほう。

　10〜15台ぐらいは停められるところが増えています。

特に、走っている車の速度が速い道路は大型車が多い傾向があります。

　幹線道路や国道など、長距離移動をするトラックがビュンビュン走っているような道路沿いのコンビニは、駐車スペースも広くとり、大型車専用のサイズでスペースが区切られていることも珍しくありません。

　コンビニにとって、大型車のお客様が増えることは売上増につながります。

長距離移動のお客様は、買われる品数も多くなるからです。

　このように、時代の変化によって求められる立地は変わっていきます。

　以前は、ただそこにあれば十分だったコンビニも、どこにでもあるような時代になると、少しでもお客様が利用しやすい立地を追求し始めます。

　そして、他チェーンのコンビニより少しでも多く利用してもらえるような工夫が立地に施され、差別化が図られていくわけです。

　コンビニによっては、店舗があることをドライバーに知らせるために、通常より低い看板を置く店も増えてきました（図1-5-1）。

図1-5-1 | ドライバーに見えやすい「低い看板」

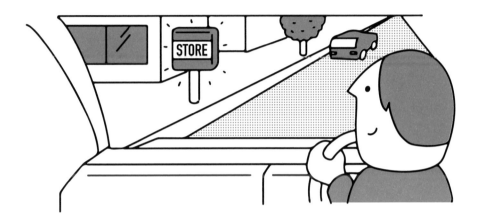

　地上2～3メートルくらいのところに掲げてあります。**これは
ドライバーの目の高さに合わせるための高さです。**

　本来のお店の看板は、高さが20～30メートルほどのもの。少
し離れた場所からでも、「あそこにコンビニがある」とわかるよ
うに背の高い看板を設置しているのです。

　ところが車を運転していると、そのくらい高い看板は逆に見え
づらくなり、お店に近づけば近づくほど看板は見えにくくなりま
す。

　運転中は座っていますので、当然です。

特にわかりにくいのが、まっすぐで、街路樹が植えてあるような道です。木が看板に連なってしまうのです。

　これは売上要因のひとつ、「②認知性」に関わります。
「認知性」は「視界性」と「周知性」に分かれますが、このケースでは見える・見えないを評価する「視界性」が問われます。街路樹によって、店舗自体も運転席からは見えにくいことも考えられます。

　これを避けるために、背の低い看板を採用する店舗が増えているのです。ドライバーの目の高さに合っていて、木の茂みにも隠れないサイズの看板は、まさに「視界性」を高めるためにピッタリです。

「右のイラスト」の駐車場。買う品目の多い長距離ドライバーが乗る大型車を停めやすいようにするため。

お客様心理 その6

お客様の
「面倒くさい」をなくす

Q Aは複数の旅行代理店が1カ所に集められています。Bでは複数の旅行代理店がセンター内のバラバラの場所に出店しています。どちらのほうが、売上は高くなると思いますか？

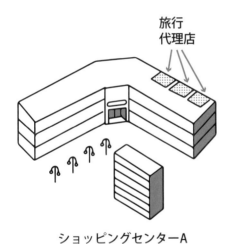

旅行代理店

ショッピングセンターA

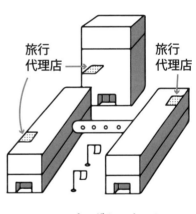

旅行代理店

旅行代理店

ショッピングセンターB

ヒント ⟶ ⑥「マーケット規模」の要素で考えてみよう

すれ違う？
お客様の利便性とお店側の狙い

　ショッピングセンターには、たいてい旅行代理店が入っています。ＪＴＢ、Ｈ.Ｉ.Ｓ、近畿日本ツーリストなど、利用したことのある方も多いでしょう。

　さて、冒頭のクイズの答え、もうわかりましたか？
答えは、１カ所に複数の店舗が集まっているＡです。

　同じ業態が集まると、相乗効果で売上が上がるからです。
　近くに数多く同じ業態の店舗があったら、お客様を獲りあうことになり、結果的に売れないのではないか、と考える方もいると思います。
　ですが、自分がお客様の立場だとするとどうでしょう？

　同じ場所に集まっていれば、それぞれの店舗のパンフレットを見比べるのも簡単です。
　混雑具合を見て、「空いているあっちの代理店にしよう」と臨機応変に決められます。「とにかくあそこに行けば旅行情報を得られる」と認識してもらえれば、繰り返し活用したい場所だと思ってもらえることでしょう。
　こういった出店は、デベロッパー側が企業のほうに提案してい

ると思います。お客様にとって便利な店舗配置を考え、それを優先するスタンスだと、こうした出店が可能になります。

　出店する側も、集まっているほうが売れるのであれば、相乗効果を狙えるところに出店したいと思うでしょう。

　ただし、「同じ業態は必ず集まっているほうがいい」といい切れるほど、商いの世界は単純ではありません。

　同じ業態の店舗が、ショッピングセンターなどではなく、単に近隣に集まっている通りや地区というのは、都内だけでもたくさんあります。

　たとえば、目黒区を貫く目黒通りは、通称インテリア通りと呼ばれています。

　オシャレなインテリアを扱ったお店が約60店舗も軒を連ねているため、いつしかそう呼ばれるようになりました。

　近隣にさまざまなインテリアショップがあれば、商品の比較が簡単にできます。

　何度も電車に乗ってお店を見比べるのは大変ですが、同じ通り沿いにあるとなれば、天気のいい日にあちこちの店を見て歩くのも面白いでしょう。

　最初からインテリアを見ることを目的に訪れる人が多いので、購入の可能性も高いはずです。

　そういう意味では、同じ業態の店舗が集まる場所の存在は、大

いに賛成したいところです。

ですが、同業が集まるエリアに出店した店舗すべてが成功するとは限りません。

こうした場所で成功するお店は、商品に魅力があり、他店と戦える競争力があるお店だけです。

同業で集まるところへの出店は、レッドオーシャンに飛び込むという見方もできます。

目黒通りには私も何度か足を運んだことがありますが、長く続くお店と、「あれ、あのお店はなくなっちゃったのか」というお店があります。

同業と並んだとき、他店より優れたものを提供できるか、際立ったブランドを確立できるかが問われるのです。

相乗効果を狙った「ゾーン効果」

レンタルビデオショップの「ツタヤ」や「ゲオ」などの店舗と、すぐ隣にコンビニがくっついて出店しているような場所をよく見かけます。

それぞれの店舗に来るお客様をついでに取り込む、それぞれの店舗の相乗効果で売上を上げようという考えから、こうした出店戦略を取っているのです。

いわゆる、「ゾーン効果」を狙っています。

　映画のＤＶＤを借りたついでに、その映画を見ながら食べるお菓子をコンビニで買う──自然な流れですよね。

　最初はそんなつもりがなかったとしても、隣にコンビニがあったら「ついでに買っとくか！」と思う気持ちはわかるのではないでしょうか。

　あるいは、複数の店舗がくっついて出店している場合もあります。

　たとえばお近くの道路沿いに、バーミヤン（中華）と魚屋路（回転寿司）と夢庵（和食）が並んで建っていたりしませんか？

　食事に行こうかというとき、何にするか決める前に「とりあえずあの辺に行ってみて、着いてから考えるか」などと話したことがある方もいるかもしれません。

　実はこの３社、すべて「すかいらーく」が経営するお店だからくっついているのですが、扱うジャンルが違うのでこれも自社内でつくり上げたゾーン効果といえます。

　自社内でなくとも、複数の企業がいろいろな飲食店を出店する大通りもあります。

　どこの店も行列したり賑わっているようならば、それは質と量ともに店舗どうしのバランスがよかったといえます。

　これが、ある一定の数を超えてしまうと、今度は競合店による供給過多の問題が起こってきます。

　人気店だけが儲かって、その他が共倒れになってしまったら

「ゾーン効果」はなくなります。

　同じ通りにイタリアンが５軒もあったり、お寿司屋さんが３軒もあれば、お客様が偏るのも無理はありませんよね。人口とのバランスに注意しましょう。

　十分な人口量があれば、似たり寄ったりのお店が30店舗あろうと問題ありません。

　渋谷や新宿などはそういう街ですね。安くて気を遣わない居酒屋が、所狭しと並んでいます。

　しかし、少ない人口量の場所に30店舗もあったら、これはもう競合過多になってしまいます。

　飲食店は、人口とのバランスで出店を考える必要があるのです。

「Ａ」。同じ業態が一カ所に集まると、相乗効果で売上が上がるから。

お客様心理 その7

お店に行く「目的性」を考える

 ファミリー向けの飲食チェーン店では、親と子どもの心、どちらをつかむよう戦略を立てているでしょうか?

ヒント ➡ ⑦「商圏の質」の要素で考えてみよう

立地に特徴がなくても、 「また行きたくなる」仕掛け

　手軽に食べられるセルフうどんのチェーン店が、都内にも増えています。

　受け取りや返却をお客様自らがセルフサービスで行う業態のうどん店です。

　中でも、今一番勢いがあるのが、全国展開している丸亀製麺です。ショッピングセンターのフードコートなどに入る店舗も多いですが、目を引くのがロードサイドの大型店舗。

　ただ、それはいつも私が感じる「いい立地だな」という感覚とは、少し違います。

　単純な立地の良し悪しでいうと、特に独自性や意外性があるわけでもなく、基本に従った確実な出店をしている印象です。

　しかし「いいな」と思うのは、「このお店に行きたい」と思わせる、目的性を持たせることが非常にうまい点です。

　郊外のロードサイドの丸亀製麺をイメージしてください。大型店舗の広い駐車場にはズラリと車が並び、休日ともなればたくさんの親子連れのお客様で賑わっています。

　こうしたファミリー層に人気の理由は、他の飲食チェーン店とは一線を画す「ライブ感」です。

　店内に入るとうどんの種類を注文し、お盆をレーンに載せて、ビュッフェスタイルのように列に並んで進みます。

　このとき、トッピングとして数種類ある天ぷらをお皿に取ったりするのですが、目の前でうどんがつくられる様子を見ることができるのです。

　店員がうどんを打ち、専用の機械に入れると、麺が切れた状態でにゅるっと出てきます。

　珍しい様に子どもは大喜びです。麺を茹でて勢いよく湯切りする店員や、天ぷらを手際よく揚げている店員の姿を見ながら、レジの順番を待つことになるわけです。

この「ライブ感」こそが、「子どもの心」をつかんでいます。
飲食のチェーン店で、ここまで料理がつくられるところを見られる業態は、ほとんどありません。

　多くのチェーン店の厨房は、お客様から見えない裏側にあるか、一部の様子がチラリと見える程度です。

　目の前で調理をするライブキッチンをウリにしているようなところは、小洒落たダイニングや鉄板焼き、回らない寿司屋など、意外とファミリー層には手が届きにくいところだったりするのではないでしょうか。

　だから、目の前でイチからうどんがつくられる様子をしっかり見られるのは、他店との大きな差別化になっているのです。

実はロードサイドのファミリー向けの飲食チェーン店は、いかに子どもの心をつかむかがカギになっています。

　子どもに、「あのお店に行きたい！」と具体的に店名を出されると、親としては、「じゃあ、今日はそこに行こうか」と応える^こたことになるからです。

　このようなエンターテインメント性は、ファミリー層に訴えかけるにはとても有効な手段です。

　回転寿司のチェーン店で流行っているのが、注文すると新幹線のミニチュアに載せられた寿司が運ばれてくるようなシステムです。

　自分の席のところに自動的に止まるのが楽しく、食べ終わったお皿を返却口に入れるとゲームができるような店舗もあります。

　親子連れに、わざわざもう一度行きたいと思わせる店舗づくりが、飲食チェーンで人気を得るためには求められているのです。

 「子ども」。子どもに、「あのお店に行きたい！」とせがまれ、親は、「今日はそこに行こうか」と決めるから。

お客様心理 その8

お店の「看板」に気づかせる

 お客様にお店の存在を知らしめてくれる「看板」。
さて、看板は道に対して平行か、それとも垂直に立てたほうがよいでしょうか？　理由も合わせてお答えください。

ヒント ➡ ②「認知性」 の要素で考えてみよう

お客様は、看板の前で
立ち止まらない？

　ロードサイドの例から逸れますが、大事なのでお話ししておきたいと思います。

　個人でお店を出す場合、気を配っていただきたいのが看板です。

　お店の認知度を上げるために、テレビや雑誌、新聞などの広告を使って瞬間的な宣伝を行う方法ももちろんありますが、**看板はお店がそこで営業を続ける限り、ずっと宣伝してくれます。**

「うちはこんなお店です」と、近くを通る人に訴えかけ続けることができるのです。

　そういう意味では、「看板をお客様に見せていますか？」というのが重要なポイントになります。

　道行く人に認識してもらうためには、ある程度の大きさで、それなりに派手で目立つ看板にする必要があります。

　特に個人店の場合は、オシャレな看板、洗練された看板にしたいと思う人が多いでしょう。

　ただ、その前に、その看板を設置して本当に目立つのか、店の周囲に出しても埋もれないものかどうか、客観的に、シビアに考えてほしいと思います。

　私は仕事柄、さまざまな店舗の新店オープンの場に立ち会って

きました。

　店の前に出て、店舗の入り口上部に取り付けられた真新しい大きな看板の真正面に立ち、その場にいる関係者全員で見上げて、「おお、いいね」「いいですね」と喜び合うことがあります。「ここからスタートだ」と、身の引き締まる思いがするシーンです。

　ですがこのとき、我々は店の前に立ち、看板を真正面から見上げています。

　こうしたシチュエーションというのは、実はその店の前を歩く人たちからすると、なかなかないのではないでしょうか？

　多くのお客様、通行人は、通りすがりに看板を見るでしょう。**それも、わざわざ立ち止まらず、歩きながら見るはずです。**

　急いでいれば、看板の文字が小さかったり、特殊な書体を使っていたら読めない可能性もあります。

　いくら立派な看板を店の外壁に設置しても、よほど気にならない限り、立ち止まって看板を見る人はほとんどいないのです。

　それでは、通行人にお店を認知してもらうためにはどうすればいいか？

　答えは簡単です。通りに対して「垂直に」看板を設置すればいいのです。

店の外壁にベタッと看板を取り付けると、通り沿いの店の場合、店の前を通る通りに対して看板は平行に設置されることになります。

　一方、同じ店の建物の外壁でも通りに対して垂直に看板を設置する方法があります。

　この看板を「ソデ看板」といいます。道に飛び出すように、ビルの上部や各階ごとに設置されているのを見たことがあると思います。

　ソデ看板と同じく垂直に設置するものには、店の前に立てて置かれる「立て看板」があります。

　黒板に手書きで書き込むものや、電光掲示が時間で切り替わるようなものまで登場しています。

　裏表の両面が使えるＡ型の立て看板を、店舗に対して垂直に設置すれば、通りの両側から来る通行人、どちらにもお店を認知させることができるのです。

　看板は、色や形にもこだわっていきましょう。

　世の中の看板のおそらく９割程度が、四角い長方形ではないでしょうか？

　飲食店に絞れば、食欲をそそる色の赤やオレンジ、黄色など暖色系を使っている看板がとても多い。

　同じにしては埋もれてしまいますね。

看板によって他社との差別化に成功したのが、スターバックスです。

今では見慣れた緑色の丸い看板も、スターバックスが最初に日本にやってきたときには非常に斬新でした。

もちろん、何か奇抜なことをする必要はありません。

ですが、看板の色や形、設置場所を工夫するだけで、認知度はグッと変わってくるものです。

道行く人にいかにお店を知ってもらうか。お店に入っていただく前から、潜在的なお客様に対するちょっとした気遣いの工夫ができるかが試されています。

📍 道路によって 看板の出し方も違ってくる

看板を出すのは、歩道だけではありません。クルマが1日1万台走る道路にも出します。ただし、「1日に1万台が走っている道路」とその質はさまざまです。

1万台が速い速度で「通過する」だけの道路もあれば、地元の住民がせわしなく通って1万台の道路もあります。

量は同じ1万台なのですが、質の面ではまったく異なります。

ですから、単純に道路、ロードサイドを交通量の面だけで捉えて、それだけで判断してはいけません。

その道路がどういう道路なのか、長距離移動のための幹線道路

なのか、地元住民のための生活道路なのか、きちんと質も見る必要があります。

　たとえば、長距離移動のトラックなどが多く走る広域幹線道路というのはスピードを出します。
　一方、住宅街にある生活幹線道路は、女性が子どもの送迎や買い物のため、軽自動車でのんびりと走っていることが多いのです。

　これら2つの道路では、視界性の観点から考えると看板を出すべき場所が変わってきます。
　広域幹線道路のような走行速度が速い道路では、運転していると頻繁に大きな看板を見かけるでしょう。「マクドナルド、この先3キロ」といった看板です。
　このような看板を、「野立て看板」と呼びます。
　ロードサイドに看板を設置する場合、店舗まで3キロ、1.5キロ、1キロ、500メートルという4カ所に設置することが多いです。
　店舗まで3キロというと、まだだいぶ距離があるように感じますが、3キロ手前からドライバーに認識させ、「行こうかどうしようか」と検討してもらわないと、あっという間に店の前を通り過ぎてしまうのです。

　ロードサイドの大型の野立て看板自体は、設置するのにそんな

に費用がかかりません。

　場所によっては非常に安く、年間３万円ほどの賃料（看板制作費は別）ですむようなこともあります。その金額であれば、出さないよりも出したほうがいいですよね。

　これが生活道路であれば、そんなに広域に看板を設置する必要はありません。

　それよりも、しっかり店舗周辺に認知を広げるために「のぼり」の設置や、できればチラシ配布をしたほうがいいでしょう。

看板は、お店の通りに垂直に立てる。歩いている通行人も気が付きやすく、認知度がグッと上がる。

「地下の店舗」はNG立地？

　プロローグでも触れた売上要因のひとつ、「⑤アプローチ」についてお話しします。

　これは、お店への入りやすさ・入りにくさを指します。

　私鉄沿線の駅前のお店などで、店の前にたくさんの自転車が停められている光景を見たことがありませんか？

　自転車を使って移動する人が多い街では、違法駐輪や放置されているものを含めて大量の自転車が停められていて、歩道が歩きにくかったり、お店に入りづらかったりすることがあります。

　最近は、地域の努力やお店の取り組みによって多くが取り除かれつつあります。しかし、それだけ自転車が並んでいるとよけなければならず、お店に入りにくいですよね。

　これを「物理的な障害」と呼びます。これが、１つ目の障害です。

　たくさんの自転車をよけなければならないと思うと、「面倒だ

し、このお店じゃなくてもいいや」と思ってしまうでしょう。

こうした「障害」は他にもあります。

もしあなたが女性で、「お腹が空いた！」と思ったときに、目の前にチェーンの牛丼屋があったとしましょう。

壁面はガラス張りのため、お店の外からでも中の様子がよく見えます。店内は中年の男性サラリーマンと思われる人たちで混み合っていますが、Ｕ字型のカウンター席にはいくつか空きがあるようです。

さて、あなたはお店に入りますか？

男性であれば、悩まずにお店に入ると思います。

ですが、女性の場合はどうでしょう？

「ちょっと入りにくいな」と思った方も少なくないのではないでしょうか。

ガラスでまる見えの店舗で、女性1人で牛丼を食べようと思うかどうかは、個人によってかなり差があるはずです。

その牛丼屋が女性客を見込んでいなければ問題ないですが、**この「入りにくさ」が２つ目の「心理的な障害」です。**

お店に入る前に、「なんかちょっと入りにくいな」「ここは自分が行くお店じゃないな」といった気持ちを持ってしまう状態です。

これら「２つの障害」を持つ立地で代表的なのが、地下の店舗です。

「下まで下りるのが面倒」という「物理的な障害」もあれば、「お店の雰囲気がわからない」「価格や混み具合がわからない」といった「心理的な障害」もあります。

　お年寄りは階段がつらいので物理的な障害になります。地元にある「一見さんが入りにくい雰囲気のお店」というのも、心理的な障害のあるお店といえます。

　幅広い客層をつかもうと思ったら、「心理的な障害」は特に意識して考える必要があるでしょう。

　誰もが入りやすい店舗はどういうものなのか、自店の客層ではない人たちがお店に足を運ばないのは何が障害となっているのか、それらを考えて障害となるものを取り除く工夫をしていくことが求められます。

　これから出店しようというときには、「2つの障害」がいかに少ない店舗にするかも考えてほしいと思います。

ま と め

第 1 章

○ 交差点では交通量の多い道を「基準」とし、「受け角」をおさえるのがベスト。

○ ドライバーの目線で「気づいてもらえるかどうか」は、とても重要。

○「入り口が狭い」「駐車しにくい」「バックで出るのが怖い」そんな心理的障壁が、リピーターを減らしている。

○ コンビニの長距離ドライバーを意識した駐車場づくりのように、お客様の特性によって、「入りやすいお店のつくり」を意識しよう。

○ 同じ業態で集まるべきか、ばらけるべきか──。それは人口とのバランスで決まる。

○ 飲食チェーンでは、親子連れに「もう一度行きたい」と思わせる店舗づくりをしているため、参考にしてみよう。

○ お客様が気づきやすい「看板の立て方」をしているか、確認しよう。

第 2 章

コンビニ業界に学ぶ
「潜在ニーズ」の
探し方

現在、全国に６万店舗ほどあるコンビニエンスストアがこと
さら立地戦略に力を入れる理由は、市場が飽和状態になりつつ
あることが深く関係しています。

　これだけの数があるため、いわゆる〝いい立地〟には「すで
にコンビニがある」と考えて間違いありません。全国で年間
５００店舗が閉店しても、５００店舗が新たに開店するような、
スクラップ＆ビルドな業界。「もう店を出すところはない」とい
われようが、少しでも〝いい立地〟を求め、まだ誰も気づいて
いない場所に隠されたニーズを見つけ出すべく、コンビニは立
地戦略を練り続けています。

　本章では、そんな知略を張り巡らすコンビニ業界の立地戦略
をお伝えします。私自身、コンビニの立地には驚かされること
が多く、常に注目している業界であり、コンビニ以外の業界の
クライアントさんにも、コンビニの出店戦略に注目すべきだと
いう話をよくします。チェーンごとに異なる強化商品から、狙
う客層、出店の方針やその徹底ぶりを知ると、立地戦略の面白
さだけでなく、商売のコツや厳しさすらも見えてくることでしょ
う。

街のイメージに
騙されない!

Q 高級飲食店やセレクトショップが並ぶ恵比寿に、安さが売りのローソンストア100があります。なぜ恵比寿への出店を決めたのでしょうか?

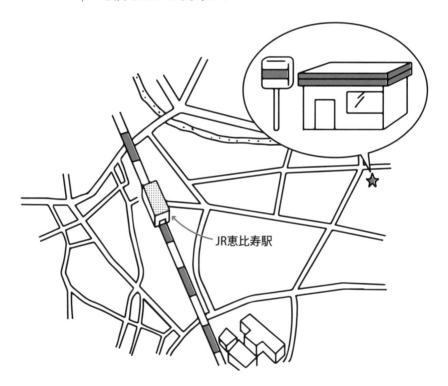

JR恵比寿駅

ヒント ➡ ⑦「商圏の質」 の要素で考えてみよう

そこに需要が！
意外なお客様の正体

　東京・恵比寿といいますと、みなさんどのようなイメージをおもちでしょうか？

　オシャレなお店がたくさんあって、芸能人も住んでいるような高級住宅地、「住みたい街」などのランキング上位にいつも入っている……だいたいそんなイメージでしょう。

　確かに、恵比寿の駅には流行を捉えたショッピングビルがあり、大勢の人が行き交って、話題の飲食店も軒を連ねています。

　南の目黒方面へ向かうと、サッポロビール工場跡地に建てられた複合施設「恵比寿ガーデンプレイス」があり、国内だけでなく海外からのお客様が訪れているのも見られます。

　西の代官山方面の路地に入れば、隠れ家のような雰囲気の高級飲食店やセレクトショップがひっそりとたたずんでいます。

　そんな恵比寿に、安さが売りのローソンストア１００がオープンしました。

　ローソンストア１００は、水色に牛乳瓶の看板でおなじみのローソンと異なり、緑色の看板に目玉デザインの「１００」が目立つロゴで展開されている、１００円の価格帯の商品を扱う生鮮コンビニです。野菜や果物といった生鮮食品をはじめ、惣菜や日

用品を扱い、１００円という安さと使い切りサイズの商品ゆえに、単身者や高齢者に人気があります。

　オシャレで高級なイメージの恵比寿に、１００円の生鮮コンビニ……。
　ちょっと不釣り合いな気がしますよね。
　「そんなところに出店しても、儲からないのでは？」と思うのではないでしょうか。
　ところが、この店舗が、なんと出店後まもなくから大変な売上を上げたのです。

　このローソンストア１００が出店したのは、恵比寿駅から東の方面、広尾駅とのちょうど中間あたりです。
　駅からは結構距離があります。
　なぜ、こんなところでトップクラスの業績が上がったのでしょうか。

　駅の喧騒から離れたこの地域は、古い一軒家が建ち並び、都会的な駅前とは明らかに雰囲気が異なります。

　実は、かつてそのあたりはネジ屋や鉄工所といった小さな工場が建ち並んでいた工業地帯で、今は準工業地域に指定されています。

　人が集まるような商業施設は、恵比寿の駅前にしか建てられない決まりになっているのです。

　ここまで来れば、だんだんわかってこられたのではないでしょうか。
　そう、ローソンストア１００がここに店を出した理由は、「この地域に住む人のための安いスーパーマーケットが近隣になかったから」でした。

　駅ビルには高級志向のスーパーマーケット「ザ・ガーデン」が入っていますが、昔から一軒家に住んでいるような方たちにとっては家からも遠いし、商品も高いので、身近にできた１００円生鮮コンビニのほうにニーズがあったというわけです。

　値段の高いキャベツは確かに美味しいかもしれませんが、普段自分が食べる分には１００円で買えるキャベツで十分と考える人が、恵比寿にも大勢住んでいたわけです。
　これは消費者感覚として大いにうなずけますよね。

　この恵比寿の事例は極端ですが、意外と駅周辺の商業地域の様子や、そこにやって来る人たちの層や雰囲気、賑わいなどといったものと、実際にその地に長年暮らしている人たちや地域の様子には、ギャップがある場合が珍しくありません。

駅前から少し離れると、まったく印象が変わる街というのは全国各地にあるでしょう。

　イメージ先行で考える前に、しっかり現地の街の様子を見て、本当にそこに、その街に自分が出したい店のニーズがあるのか、見極めることが大切です。

 「この地域に昔から住む人々」にとっての安いスーパーマーケットが近隣になかったから。

隠れたニーズ　その2

土地と商品の「親和性」

ローソンストア100は、主婦層をターゲットにして立ち上げた事業でした。ところが、実際のメインの客層は違いました。さて、メインの客層とは誰でしょう？

ヒント ➡ ⑩「他社競合」 の要素で考えてみよう

「予期しなかった層」に引っ掛かる?

　スーパーマーケットは、時代の変遷と業界の関係を学ぶうえでもよい事例といえます。

　今、スーパーマーケットは、コロナ特需があったとはいえ、業界全体が縮小傾向になりつつあります。

**　いくつか原因は考えられるのですが、まずひとつは店舗数が多くなりすぎてしまったことがあるでしょう。**

　店舗数が多すぎると、買い物をする人は分散されます。ひとつの駅にいくつもあるようだと、それぞれが奪い合ってあまり集客できず、売上も上がりません。

**　そして、スーパーに行く人の数自体が減っていることも原因です。**

　今、独身者が増えていて、男性の独身者の場合、多くが食事を外食やコンビニなどで済ませてしまいます。スーパーで食材を買って料理をする人が減っているのです。

　もちろん、女性の独身者も同じく増えていることも一因です。仕事をしている女性が増え、結婚年齢が上がっています。独身の女性でも、毎日食事をつくっている人はそんなに多くないのではないでしょうか。

　生鮮食品も扱うローソンの100円ショップ「ローソンストア100」で、以前アンケートをしたことがあります。

　30店舗ほどで実施したのですが、そこで面白い結果が出てきました。

　そもそもローソンストア100は、スーパーに行く主婦層をターゲットにして立ち上げた事業でした。

**　ところが、いざ事業が動き始め店舗が増えていくと、実際に店舗に訪れるメインの客層は高齢者だったのです。**

　そこで、高齢者のお客様を集めて、「なぜスーパーマーケットではなくローソンストア100を利用するのですか？」とアンケートを採りました。

　高齢者は、コンビニの商品は添加物が多そうで、値段のわりによくないのでスーパーのほうが好ましいと考えていそうなイメージがあります。

　年代的にも近年進化してきているコンビニよりは、昔からあるスーパーのほうがなじみがあって通いやすいといえば、納得してしまいそうです。

**　ところがフタを開ければ、「スーパーはほしいものを探すのに、歩き回って疲れる」という回答が多く寄せられたのです。**

　コンビニは40坪程度の広さで、ぐるりと一回りすればほしい

ものを集められます。

　スーパーはだいたい200～300坪ほどの店舗が多いです。広々とした店内を端から端まで移動するとなると、確かに結構な距離です。

　また高齢者は、食べる量も少な目です。

　スーパーはファミリー層向けの商品が多いため、食材ひとつの量が多すぎるのです。

　今は、小分けパックや4分の1サイズの野菜など、さまざまな商品が販売されていますが、小分け商品ではコンビニのほうが、品揃えが豊富なことも珍しくありません。

　小さな店舗で少量を買えればいい、そんな考えの高齢者が増えている。

　だから、生鮮食品を扱うコンビニも増えています。

　スーパーも市街地への小型店の出店を加速させています。イオン系列の「まいばすけっと」や、同じくイオンに統合された「マルエツ　プチ」などがその代表で、こうした店舗が全国に2000店舗ほどあります。

　さらに、若い世代で使われているのが、ネットショッピングです。

　こだわりの食材を宅配してくれる「オイシックス」や「らでぃっ

しゅぼーや」などは都心部を中心に売上を伸ばしています。

各スーパーはネット通販にも力を入れていて、ネットで注文すればすぐに届いて買い物に行く手間が省けると、共働き世帯に人気が出始めています。

さまざまな代替案が増えたことで、毎日スーパーで食材を買い、料理をしなくても暮らしていけるようになりました。独身者の増加、晩婚化により、若い世代がスーパーに行かなくなる。

さらに、高齢者もスーパーに行かなくなる。

そうなると、いったい誰がスーパーに行くのか？

このように、日本の家族構成の変化が、ファミリー層が中心顧客のスーパーには大きく影響を与えているのです。

日本人の生き方や働き方、そういったものが変化すると、求められるものも当然変わってきます。

その受け皿である飲食店や小売店は、供給の仕方も変わってくるし、ニーズも大きく変わってくるものです。

大型店舗をつくり、大量の品を揃えていればよかった時代は終わりました。

世の中の変化に敏感になり、求められるかたちに柔軟に対応していくことが、スーパーマーケットという業態そのものが生き残るための大きなカギとなるでしょう。

なお、小学校・中学校とスーパーマーケットは、親和性が非常に高いものです。

　学校に通う子どもがいるということは、家族で住んでいる世帯が周辺に暮らしているということ。

　昼間人口は増えますが夜間人口は減少するオフィス街などよりも、小中学校がある地域にスーパーが多いのは当然ですし、単身世帯ばかりの地域と比べると一世帯あたりの人数が多いので、売上も高いでしょう。

 ## 親和性の高い立地関係

　実は、特定の顧客誘導施設ではない場合にも、親和性の高い立地関係が成り立つ場合があります。

　たとえば、結婚式場近くの美容院。女性の方なら、友人の結婚式に出る際、式場近くの美容院でヘアセットをしてもらおうと考えたことのある方も多いでしょう。

　式場の近くで、大々的に「結婚式のヘアセットの予約承ります」とアピールしておけば、そういったお客様も取り込むことができます。

　それから、墓地の近くの花屋。お墓参りに行くときには、お墓に供える花を持っていくはずです。

　うっかり持ってくるのを忘れてしまったとき、墓地の近くに花屋があればそこで買うことができます。

　お盆の時期などは、花屋でも菊を中心としたお供え用の花束が売り出されていますね。

　花屋は、コンサートホールやイベント会場の近くとも親和性が高いでしょう。

「友達のコンサートに行くのに手ぶらではちょっと……」というときに、近くに花屋があればすぐに花束を用意できます。意外と忘れていて、会場に着いて花束を持っている人を見てから「しまった！」と思う人も多いものです。

　自分が出したいと思う場所に出店するのではなく、お客様目線に立って、あると便利な場所に出店する。

　この視点を持ってほしいと思います。

　一方で、逆の発想もできます。墓地の近くに出店したコンビニは、そこでお供え用の花も扱えば売れる可能性があります。

　近くに花屋がなければ、確実に売れるでしょう。ついでにお線香やロウソクなども置いておけば一緒に買っていく人もいるはずです。

　自分の店の近くで、「こういう理由でここに必ず一定数の人が来る」という場所を押さえ、そこに行く人が必要とするものを扱

うことで儲けられるかもしれません。他に近隣で扱っている店が
なければなおさら扱うべきでしょう。

そういう意味では、出店前に調べるのは当然ですが、出店後も
周辺の人の流れをよく見て、人が集中する場所を探し続けること
が重要です。

正解は、「高齢者」。スーパーはほしいものを探すのに、
歩き回って疲れるため、それよりも狭いコンビニのほう
が、探すのがラクだから。

隠れたニーズ その3

ターゲットと立地の関係

Q コンビニ「ポプラ」では、お弁当が人気の柱になっています。さて、このお弁当は、どのような特徴があり、どんな人たちに人気があるのでしょうか？

ヒント ➡ ⑦「**商圏の質**」 の要素で考えてみよう

ターゲットの特徴と
立地が噛み合うと……

　このクイズを見て、立地には関係ない、お弁当なら他のコンビニでも十分美味しいのに……と思った読者の方もいると思います。

　実は、ポプラの人気弁当「ポプ弁」と出店地域には、意外な関係があります。

　それは追々説明するとして、大人気のポプ弁とはいったい、どんなお弁当なのでしょうか。

　正解は、「炊き立ての温かいご飯をその場で好きな量、詰めてくれるお弁当」です。

　ポプラの店内には、おかずだけが入ったお弁当が売られています。

　レジに持って行くと、先におかずだけを温めて、それから炊き立てのご飯を入れてもらえる仕組みです。

　お店で炊いたご飯を最大４５０グラムまで好きな量を詰めてもらえる「ポプ弁」は、他のコンビニチェーンにはない独自の取り組みとして、多くの人に支持されています。

　では、このような特徴のお弁当を売りにするコンビニ、あなたならどんな場所に出店させますか？

　炊き立てのお米を、最大４５０グラム、好きなだけ詰めてもら

えるお弁当……。

白米の量が決まっている他のコンビニチェーンの中で、このポプ弁独自のサービスは、特にどんな人たちに人気がありそうでしょうか。

答えは、力仕事をする人たちです。

だからポプラは、肉体労働者の多い湾岸地域や港湾地域に比較的多く出店しています。

独自のサービスと、そのサービスを喜んでくれる客層のいる立地戦略が功を奏すると、強いのは当然です。

特定の地域でポプラが並み居る強豪に負けない出店と人気を誇っているのもうなずけます。

ちなみにポプラだけでなく、都内を見ても、湾岸地域のコンビニは売上高が高い傾向があります。

さまざまな客層の中で最も客単価が高いのは、トラック運転手、あるいは現場作業員といった人たちなのです。

湾岸地域はそういう人が多く集まる地域のため、コンビニの駐車場もトラックが2〜3台入れるようなスペースを確保しています。

通常のコンビニの客単価は、600〜650円といわれています。

ところが、トラック運転手といった人たちは、１０００円以上買う人が多いのです。

　まずタバコで４００円以上、それから飲み物とお弁当、合間に読む雑誌などを買えば、あっという間に１０００円を超えます。

　普通の街中の店舗の客単価は、それに比べると低いのです。パンとコーヒーだけなら３００円程度、お弁当も５００円程度です。喫煙率も下がっています。

　お客様の層ごとに、どんな商品を選んで客単価はいくらぐらいになるのかは異なります。

　こうしたターゲットの特徴と立地がかみ合ったときに、売れるコンビニはできるのです。

 炊き立ての温かいご飯を好きな量だけ詰められるお弁当は、力仕事関係者に人気。だからポプラは、肉体労働者の多い湾岸地域や港湾地域に比較的多く出店している。

隠れたニーズ　その4

タバコを売るには？

 Q タバコの販売店どうしは100メートル以上距離を開けなければなりませんが、90メートルの店舗はある工夫をすることで、販売許可をもらっています。さて、その工夫とは？

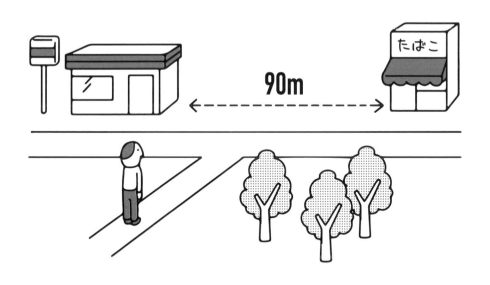

90m

ヒント ➡ ⑨「自社競合」 の要素で考えてみよう

タバコの取り扱いを決める
100メートルの壁

　必ずしもみなさんに役立つクイズではありませんが、ちょっと面白いので、出題してみました。

　喫煙者の方は、「このコンビニ、タバコ売ってないのか……」とガッカリした経験が少なからずあるのではないでしょうか？
　特に都心部に住まれている方は、近所でタバコが買えるコンビニと買えないコンビニを把握していらっしゃると思います。
　郊外のコンビニはほぼ１００％タバコを扱っているのですが、都心部はタバコを扱えるライセンスを持っている店舗でしか、販売することができません。
　ですから、コンビニへ行けば必ずしもタバコが買えるわけではないのです。
「タバコ置いてくれよ」なんて頼むお客様に、店員さんが「いや～、置きたいけど無理なんですよ」なんて返事をしているのも、もしかすると見たことがあるかもしれません。

　タバコの取り扱いライセンスは、財務省に申請して許可を得る必要があります。
　許可の基準に照らし合わせて、自店が最寄りのタバコ販売店から決められた距離だけ離れていないと、販売が認められないので

す。

　これはタバコ専売店を保護する目的から定められた基準です。戦後、職業をなくした人の保護的な意味でタバコの専売店がつくられ、それらの店がすぐに潰れないように、距離の保護を定めたその名残というわけです。

　そのため、新規にコンビニを出店しても、近くに専売店やすでにタバコを扱っているコンビニがあると、タバコを売ることができません。

　タバコはコンビニの売上の約３割を占めるといわれています。「タバコを買うついでに、他のものも買おう」という客層を取り込むためには、コンビニとしても扱えるものなら扱いたいと考えています。

　あるチェーンでは、酒・タバコの販売がある店舗では日販40万円ほどです（以前は酒も販売するための規制があったのですが、今は全事業者で扱えるようになりました）。

　地域にもよりますが、だいたい日販40万円あれば収益が取れる数字です。

　ところが、酒・タバコの扱いがない店舗になると、日販はおよそ半分の20万円強。収益を上げるためには相当な営業努力が求められます。

　フランチャイズのオーナーさんは、何とかしてタバコを取り扱いたいと思うでしょう。そのため、こんなことをしている店舗も

あります。

　**指定都市の市街地では、タバコの販売店どうしは１００メート
ル以上距離を開けないといけません。**
　その場合、何とか販売許可を得るために、本来なら左側につく
るはずだった入り口を、それでは90メートルしか離れていない
ということで、１００メートルの距離を確保するためにわざわざ
計画変更して右側につくったりするのです。

　同じチェーンのコンビニでもタバコを置いているところといな
いところがあるのには、こんな事情があったのです。

入り口を移動させることで、近所のタバコ屋さんと無理
やり100メートル以上の間隔を開けている。

現地調査で必要な3つの視点

Q 車も1台しか通れない細い通りに、「セブン−イレブン」が出店し、繁盛しているようです。その理由は「3つの視点」から読み解けます。では、その「3つの視点」とは？

ヒント ➡ ⑧「**ポイント規模**」の要素で考えてみよう

現地調査は、
3つの視点でチェックしよう

　2023年2月期の各コンビニチェーンの1店舗あたりの1日平均売上高は、セブン-イレブンが67万円、ローソンが52万円、ファミリーマートが53万円です。

　セブン-イレブンとその他のコンビニチェーンでは、1日の売上で10万円も差がついています。

　なぜ同じコンビニなのに、10万円も差がついてしまうのでしょうか。

　それには、ブランド力やそれぞれの店舗力の差というのもあると思いますが、立地戦略も多分に影響しています。

　セブン-イレブンは、「このエリアに出店する」と決めたエリア内で、近くに他のチェーンのコンビニがあっても臆することなく、堂々と出店してきます。

　道路を挟んだ向かいや、数軒の家を挟んだ同じ通りなど、本当に真横のような場所に出店することさえあります。

　他のチェーンの場合は、他のコンビニのすぐ横に出店するかどうかは躊躇します。

　セブン-イレブンの出店は、さながら「ここにセブン-イレブンがあるべきだ。今そこに、何が建っていようと」というような出店の仕方です。

　１日10万円の日販差は伊達ではありません。セブン‐イレブンには「どこのコンビニの横に出店しても勝てる」、その根拠となる数字がしっかりあるので、自分たちの分析に自信を持って出店していけるのです。

　さて、セブン‐イレブンで、個人的にとても気になる立地の店舗がありました。表参道の路地にあるセブン‐イレブン北青山３丁目店です。

　たまたま通りかかって見つけたときは、「よくここに出したな」と驚きました。そのくらい、裏路地のような細い通りにあって、観光客などが通らないような場所です。

　どうしてこんなところに出店したのか、その理由が気になったため、何度か店まで足を運び、人の流れや周辺の様子をチェックしました。

　現地調査のチェックポイントは主に３点あります。

　まずは歩道幅です。通常、お店の前の歩道の幅は、人がストレスなくすれ違える１～２メートルぐらいがベストです。幅が狭いと歩く人の速度は速くなるので、お店に気づいてもらえない可能性があるからです。

　ふたつ目が、通行人の歩く速さ、「歩速」です。

何時にどこに行くといった時間的制約や、どこで何をするという目的が決まっている場合、歩くスピードは速くなります。

最後が、店の前の通行人の様子です。

服装や持ち物から、ビジネスマンなのか、学生なのか、観光客なのか、近隣住民なのか推測し、どういった属性の人が多く通っているのかチェックします。

この３点を意識してセブン-イレブン周辺を観察してみました。

明治神宮へと続く表参道と青山通り、その大きな通り周辺に、ショッピングビルが並び、大勢の人が行き交います。

ところが、その大きな通りから１本裏の横道に入ると、オフィスの入っているようなビルや低層階のマンション、アパート、住宅などが建ち並んでいて、働いている人やそのあたりに住んでいる人だけが行き交う通りになります。

穴場的なカフェやお店もあるにはありますが、知っている人しか通らないようなところです。

まさにそんな、車も１台しか通れず、歩道も狭くなっている細い道に、そのセブン-イレブンはあります。

ただ、一本道ではなく、ちょうど十字路になっている角地で、四方から人がひっきりなしにやって来ているため、お店は繁盛しているようです。

通行人やお客様は足早に歩く人が多く、買い物や観光で表参道に来たというよりは、通い慣れた様子のオフィスワーカーや近隣の住民のような方がほとんどでした。

そう、ここは、普段から周辺で働いている人、近隣に住んでいる人からすれば、「よくぞここに出してくれた！」と思われるような立地だったのです。

徹底的にエリアを調べ、ニーズがある場所を見つけ出し、確実に出店する。

セブン-イレブンの立地の目の付けどころは、一見すると「そんなところで儲かるの？」ですが、採算がとれると踏んだ場所を着実に選んでいるのです。

「歩道幅」「補足」「通行人の様子」の３つを調査すると、コンビニ周辺で働く人や近隣住民にとってニーズのある立地であることがわかる。

「セブン−イレブン」が、
最後まで沖縄に進出しなかった理由

　コンビニ業界の王者、セブン−イレブンは、最後まで沖縄に進出しませんでした。

　セブン−イレブンが２０１８年に沖縄県に出店する方針を固めた、というニュースが報じられました。

　コンビニ業界１位のセブン−イレブンですが、実は47都道府県すべてに進出しているわけではありません。

　ファミリーマートもローソンもすでに全都道府県に出店を果たしていますが、セブン−イレブンだけは沖縄県への出店がこれまでされていませんでした。

　それは、なぜでしょうか？

　残り１県になったのも最近のことで、その前の鳥取県への出店は2015年10月、青森県が2015年6月、高知県が2015年3月、そもそも四国に進出したのも2013年3月の香川県が最初で、ほんの数年前まではセブン−イレブンのない県はかなりの数あった

のです。

セブン-イレブンは集中出店方式（ドミナント方式）に則って出店しています。

お弁当などは「製造工場から 3 時間以内に店舗に届かなければならない」決まりなので、そのための工場建設、インフラ整備に時間がかかります。

そして、工場やインフラが整ったタイミングで一気に数店舗を同時オープンさせます。

この方法で出店を続けているので、今までまったくなかった地域に、ある日突然複数のセブン-イレブンがオープンする、なんてことがあるのです。

そしてこれが重要なのですが、集中出店方式の他にも、セブン-イレブンが出店先を決めるときに目安にしているものがあります。

それが「人口量」です。 実はセブン-イレブンは、人口量の多い地域ではそれに比例して店舗数も多いという相関関係が顕著です。

沖縄県は、物流がネックになっていたことが出店の遅れた大きな理由だと思いますが、鳥取県や四国は、人口が全国でも最下位近くです。

日本で最も人口が多いのは東京都ですが、都内でセブン-イレブンが多く出店している市区町村はどこだと思いますか？

　答えは足立区、大田区、世田谷区、江戸川区です。これらの区は、都内で最も人口の多い区です。

　都道府県ごとに調べてみても、同じような結果になります。「人口の多いところに着実にお店を出す」という戦略を徹底しているのが、セブン-イレブンなのです。

ま と め

第 2 章

○ 街の雰囲気といった表層的な部分ではなく、その地域に隠れている「潜在ニーズ」を掘り当てよう。

○ フタを開けてみると、狙っていなかった層に引っ掛かり、思わぬニーズが見つかることがある。

○ ポプラが「自慢のお弁当」を屋台骨に、それを喜んでくれるお客様(肉体労働者)のいるところへ出店し、ポジションを獲得しているように、「商品×ターゲット×立地」の視点で考えよう。

○ 一見「ここは売れないだろう」と思えるような地にも、思わぬニーズが潜んでいる。

○「人口量」は、出店戦略の大事なファクター。十分調べてから、立地戦略を立てよう。

第 3 章

飲食チェーンに学ぶ
「立地の利便性」

飲食店、それもチェーン店となると、その攻防はすなわち立地の攻防といいかえても大袈裟ではありません。

　チェーン店の難しいところは、「わざわざ」その店舗に行こうという目的性は限りなく低いからです。

「軽く何か食べない？」「いいね、じゃ駅前のマックにするか」と、人々はそんな流れで店を決める。
　「あの街の、あの通りにある、あのマクドナルドに行こう」とは、なかなかなりません。
　もっと近い場所に別のマクドナルドがあれば、ほぼ迷わず近いほうへ行くでしょう。
　さらにいえば、「軽く何か食べようか」というときには、軽食を扱うコーヒーショップやファミリーレストランなどもライバルになります。

　だからこそ、いかに便利な場所にあるか、いかにお客様に思い出していただけるか。
　そこが、勝負の分かれ目なのです。その戦略はビジネスモデルとあわせて日々進化しています。

　本章では、飲食チェーンをメインに、お客様視点だけでなく、経営者側からも立地の利便性の重要性を解説します。

飲食店の
「やってはいけない」

 Q　秋葉原駅近くの岩本町は、基本的に「飲食店は儲からない立地」といわれています。その理由はなぜでしょうか?

ヒント　➡　⑧「ポイント規模」　の要素で考えてみよう

飲食店には向かない立地とは?

答えを先にいってしまいます。

岩本町はいわゆる「オフィス街」だからです。

「え!?　オフィス街は飲食店が儲からないの!?　人がたくさんいるのに??」と思いましたか?

でも、考えてみてください。

周辺に働きに来る人たちは、朝からコンビニに行くことはあっても、朝から飲食店に入ることは少ない。お昼には飲食店に食べに行くので、どこも行列ができます。

ところが、その人通りも午後1時にはピタッと止まり、さらに夜9時以降にもなると、あたりから人がいなくなります。

なぜなら、多くの人がそのまま帰るか、繁華街へ流れていくからです。

岩本町からは徒歩で秋葉原にも行けますし、東京や銀座にも近いので、夜はそういった街へ繰り出していくわけです。

そのため、実際に「平日のランチだけ営業しているお店」が結構あります。現実として、平日のランチしか売上を上げることができないのでしょう。

さらに休日になると、周辺にはほとんど人が歩いていません。オフィス街だから、休みの日に来る用事がないのです。平日と比

べると本当に人が少ないです。昼と夜、平日と休日で、街の表情がガラッと変わります。

　こうなると、人がたくさんいて、しかもお店に来てくれる時間というのはどのくらいでしょうか。

　１週間のうち、平日５日間、しかも昼間の１〜２時間しか商売になりません。

　これは、個人のお店で夫婦二人で営業するのでもない限り、相当きついでしょう。

　週に５日間、昼間２時間だけ営業するからといって、当然賃料をその分だけ減らしてもらえるわけでもなく、営業していない時間分も場所代は発生します。

　賃料が月１００万円として、１カ月毎日売上が取れるお店ならいいですが、週５日間で１日１〜２時間しか売上が取れないとなると、かなり割高ということがわかると思います。

　たとえばコーヒーチェーンがオープンしたとしても、朝と昼の需要に加え、来客や打ち合わせで合間の時間を埋めることはできるかもしれませんが、夜はやっぱりガクンと売上が下がるでしょう。土日は街に人がいないので売れません。

　こう考えると、岩本町は決して賃料が安い場所でもありませんから、売上の取れる時間帯の少ないコーヒーチェーンが数多く出店してくることはないと推測できるのです。

　極論をいえば、24時間365日ひっきりなしに人が来る業態が、サービス業ではベストなのです。しかし、なかなかそういう業態はありません。

　お客様が来るピークの時間帯があるのはいいのですが、ピークの谷間を埋めてくれるお客様も必要です。

　こう考えると、やはり繁華街に出店しようとする理由がおわかりいただけますよね。

　たとえば、銀座。銀座には働いている人も、遊びに来ている人もいます。働いている人はランチの時間に制約がありますから１〜２時間に集中しますが、遊びに来ている人たちには何の制約もありません。いつ、どこで、何を食べてもかまわないわけです。繁華街は賃料も高くなりますが、朝から晩まで長時間、お客様が訪れる時間帯があるわけです。

　大企業の店舗開発部隊はそういった違いを意識して出店場所を考えていく一方、中小企業の人たちは意外とそこまで考えていません。「賃料が安いから」「駅から近いから」といった短絡的な選択で出店先を決めてしまったりします。

　これではいけません。裏付けをとりつつ、じっくりと「街の性質」を読み解いていかないといけないのです。

昼の店と夜の店は
自然と分けられる

こうしたオフィス街の特性を知らずに出店すると、痛い目に遭います。

ディナータイムにたくさん人が来てくれることを期待してランチ営業をしていても、オフィス街ではランチにしか人が来ないからです。

ウリにしているディナーにまったくお客様が来ず、結局撤退してしまうお店が、岩本町にも少なくありません。

飲食店をされている方の多くは、ディナーに最も自信を持っています。

ランチに来たお客様に、美味しい食事を安く食べていただき、「ディナーも期待できそう」と思ってもらおうと考えているわけです。

ところが、肝心のディナータイムになると人が来ない。これでは本末転倒です。

ランチ営業を行う理由は、お店の認知度を上げてディナータイムに来てもらうための宣伝広告の意味合いがひとつ。

それから、前の日の食材の残りを有効活用してはけさせたいから、というのがもうひとつです。

前者の「宣伝」というのが、クセモノです。

先述したように、昼に行くお店に夜も行くことは、実はあまりありません。

みなさんは、ランチでよく使うお店に、夜も頻繁に訪れているでしょうか？　意外と行かないのではありませんか？

心理的に「会社の近くで飲みたくない」という人も多いのかもしれません。

ランチタイムならいいのですが、仕事が終わってからは会社の誰かと鉢合わせしたくないし、隣駅に移ろうと考える人は少なくないでしょう。

加えて、ランチはボリュームたっぷりで１０００円ですが、夜になると１万円近くかかったりするため、高すぎて夜はやめておこうという場合もあると思います。

たとえば小洒落たイタリアンのお店があって、ランチでは自慢のパスタにサラダとスープ、コーヒーまでついて１２００円で食べられるとします。

とても美味しくてお腹もいっぱいになりますが、夜に行ってみたらどうでしょう。

アラカルトでいろいろ頼もうとすると、グリーンサラダだけで

９００円、ランチセットの値段に届いてしまいそうですよね。

さらにパスタや肉料理を頼み、お酒を飲んだら、お腹いっぱいになる頃にはあっという間に１人１万円に迫っていた……なんて経験があると思います。

そうした理由で、昼には昼の行きつけがあるし、夜には夜で行くお店があるのです。ランチのお店とディナーのお店を分けて考えている人が多く、リンクしません。

ですから、ランチでうまくいったからといって、夜もお客様が来てくれるかというと、オフィス街ではそう単純な話ではないのです。

このあたりは、商圏の性質が深く関わってきます。商圏の性質の重要性は、第５章で説明します。

平日の夜、休日に人がいなくなるから。人口が多ければ、正解というわけではない。

立地の利便性　その2

ビルテナントの
出店戦略

Q 同じビルの別の階に、「宅配ピザ」「ハンバーガー屋」
「高級フレンチ」が出店されています。さて、この3店舗
には何かが共通しています。それは、なんでしょうか。

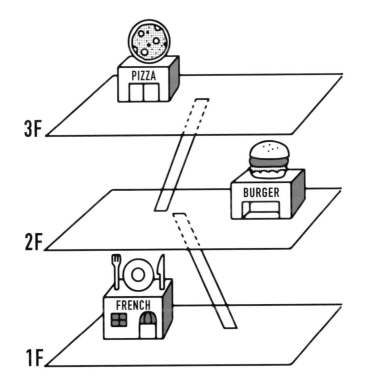

ヒント ➡ ⑨「自社競合」の要素で考えてみよう

宅配ピザとハンバーガーと
高級フレンチの共通点

　宅配ピザ、ハンバーガー、フレンチと、一見何の関連性もなさそうなこれらの飲食ブランドには共通点があります。

　何が同じなのかわかりますか？

　実は３ブランドとも、同じ会社が事業運営しているブランドなのです。

　近年、こうしたさまざまなブランド、業態を持つ飲食関係の会社が増えています。

　ただ、多くの人は、どことどこが同じ会社が運営しているか、あまりご存じないのではないでしょうか。

　実はこの経営手法が、立地戦略で有利に動けるポイントだったりするのです。

　以前は、単一のブランドで１０００店舗を達成させ、広くブランド名を知られることを目標としている飲食チェーンが多くありました。

　たとえば、全国のカレーチェーン店の約９割を占めるとされ、海外を合わせると１４００店舗以上ある「ＣｏＣｏ壱番屋」や、国内１０００店舗以上・ドーナツ専門店でおなじみの「ミスター

ドーナツ」などがそうです。

　ところが、現在の飲食チェーンの主流は、複数のブランドを持っている企業になりつつあります。

　単一のブランドではなく、さまざまなブランドを運営している企業が増えているのです。

　それぞれのブランドの店舗数は10店舗程度、ブランド内容は焼き鳥専門、スペインバル、鮮魚がメインの居酒屋、クイックな丼専門店と、飲食とはいえジャンルの垣根も越えているようなブランドを抱えています。

　さまざまな居酒屋系のところもあれば、単価の安い業態から高級店まで、まさに「このお店とこのお店、同じ会社だったの？」と驚くような組み合わせのブランドを持っているところまであるのです。

　なぜ、複数の業態を持つ企業が増えているのか。それは、複数の業態を持っていると、立地の面で有利に出店することが可能になるからです。

　強豪ブランドでは、どこかのビルでリーシングするときに、複数の階に数店舗を出店することがあります。

　特に、ひとつでも有名店があり、ビルテナント側から「ぜひ出店してほしい」と依頼される場合は、**「それなら、一緒にこの業態もビルに入れてほしい」「地下にこのカフェを出店させてほし**

い」などと、**出店側がイニシアチブをとって交渉できるのです。**

　ブランド力がある業態を持っているからこそできる交渉です。

　ビルテナントのリーシング側からすると、少しでもお客様を集めたいので、集客力のある業態を入れたいわけです。

　そうなると、出店側から「この店も入れたい」「この値段にしてほしい」といった複数店舗の出店や価格面での要望に対して、妥協してくれる場合が当然あるのです。

　複数店舗を展開したり、賃料を安くしてもらったり、ビル内のいい場所に出店できたりと、ブランド力のある業態を持っていれば、さまざまに交渉して自分たちにとって理想的な出店をすることができます。

　そういう意味では、いかに強いブランドを持っているかが問われるでしょう。

　こうしてひとつのビルに複数店舗を出店することができるのですが、ビルを訪れるお客様は同じ企業が複数店を運営していることに気づきません。

　立地のプロである私自身も、よくよく見てみたら、「この飲食店って全部同じ会社じゃないか」といったことに気づく場合が結

構あります。

　わかっていないだけで、そういった出店の仕方をしている企業は少なくないのです。

同ビル内でジャンルの違う飲食店が出店している場合、同じ会社が運営しているケースがある。特に、ブランド力のある業態を武器に複数店舗の出店をすることで、「賃料を安くしたい」「ビル内のいい場所に出店したい」といった要望に対して強気に交渉できる。

ビジネスモデルと立地の関係

Q　「珈琲所コメダ珈琲店」をはじめとする「ロードサイドの喫茶店」は、売上が下がる時間帯を補うために、ある工夫をしています。では、ある工夫とはなんでしょうか？

ヒント　➡　④「建物構造」　の要素で考えてみよう

「コメダ珈琲店」は、 なぜ成功したのか？

　名古屋発祥の「珈琲所コメダ珈琲店」の登場によって、喫茶店の概念は大きく変わりました。

　それまでの喫茶店は、基本的に都市部にあるものでした。ところが今は、コメダ珈琲店や星乃珈琲店などが、ロードサイドに展開しています。

　これは、今までにはなかった発想です。

　コメダ珈琲店は、もともとの店舗数は約380店舗でしたが、創業者からコメダ珈琲店を買い取ったファンドが、一気に店舗数を増やしているのです。

　現在960店舗以上（2023年2月時点）。東海地区以外に積極的に出店を重ねています。

　日本に「ロードサイドの喫茶店」という新しい価値を生み出したのが、コメダ珈琲店のすごいところです。

　飲食店というのは、モーニングがあれば朝から売上があり、それから昼間にドーンと伸びて、午後落ち着き、夕方にまた少し伸びる、というのが大きな1日の売上の経過です。

　そうなると、売上がへこむところが2カ所あるわけです。朝から昼の間と、昼過ぎから夕方の間、もしくは夜、このあたりはど

うしても下がります。

　その間もやはりお客様にお店にいてもらうために、その谷間の時間も長くいてもらってかまわない形態、とにかく１日中いつでもお客様がお店にいる状況をつくっているのが、コメダ珈琲店なのです。

　100席ほどの、ゆとりのある店内に広い駐車場、多くの店舗が長時間のんびりでき、１日の大きな流れの中でゆっくりお客様が入れ替わっていく。

　席数が多いので、入れ替わるスピードはゆっくりでも問題ありません。ゆっくりでも、お客様は確実に入れ替わっていきます。

　郊外に広い店舗を持っているからこそ成り立つビジネスモデルといえるでしょう。

　都市部の喫茶店だと、基本は早く飲んで、早く帰ってもらわないと、儲からない。広い駐車場を持たないことによって賃料の負担は少し減るのですが、都市部だとそもそもの賃料が高いので、とにかく回転率を上げたいところです。

　一方で、ロードサイドの喫茶店は、駐車場の広さが重要になります。

　地方で「４人でコメダに行こう」となると、それぞれが自分の車でお店に向かいます。誰か１人が車で他の３人を乗せてお店に向かうわけではないのです。

「じゃあ、3時にコメダに集合ね」という約束の仕方をするので、座る席はボックス席ひとつでも、駐車場は4台分必要です。

そのため、駐車場は満車に近いのに、店内に入ってみると意外と空いているということが珍しくありません。

面白い現象ですよね。

そうなると、座席数や駐車場の台数確保のため、**結果的にロードサイドの広々とした立地が出店場所としてベストなわけです。**

100席程度あって、1日の中でお客様がゆったりと入れ替わり、多少の行列、多少の待ち時間を出しながらも少しずつ回っていく。

そういうビジネスモデルとそれを実現できる立地が、コメダ珈琲店には最も適していると思います。

「どこにでもあるお店」に なってからが勝負!

コメダ珈琲店はまだまだ目的性が高い店舗なので、多少行きにくい場所であっても人はやって来てくれます。

そうなると、賃料はかなり安く抑えられるでしょう。

ファストフードなどは、そもそもの目的性が高くないため、立地が非常に重要になります。

ですが、ブランド力がついてくると、目的性が高まっていきます。 目的性を持ってもらえるほどのブランド力があればあるほど、

賃料が高いところから安いところへ店を移してもそれなりに人を呼ぶことができるのです。

　そういう意味で、コメダ珈琲店は今、業態と立地戦略において非常にバランスのいいラインにいると感じています。

　ただ、これ以上出店ペースを上げて店舗数を増やしていくとなると、店舗数の希少性（目的性の高さ）が低くなり、この良バランスが崩れてきてしまうでしょう。

　コンビニエンスストアが日本に最初に登場した30〜40年前には、どこの街のコンビニも賑わっていたと思います。
「こんなに便利なお店があるなんて」「早くうちの街にもできてほしい」などと出店を待たれ、できたお店は人で賑わい、喜ばれていたはずです。

　ところが、今ではどこででも見かけるコンビニは、それ自体が目的となって賑わうようなこともなく、感謝されることもそうそうないでしょう。

　それだけ全国に店舗が増えたということです。

　店舗数が増えていったことで、「あのコンビニに行かなくちゃ！」という目的性は今では著しく低くなりました。

　店舗数が増え、希少性が失われ、今では完全に利便性だけが求められているため、いかに便利だと思ってもらえる場所に出店す

るかが問われるというわけです。

 ## いかに
「思い出してもらえるか?」

　私は、今注目の企業は、業態力が際立っているところが多いと感じています。

　目新しい業態、意外性のある業態など、たくさんの人に「あのお店に行ってみたい」と思わせるパワーを持っている企業です。

　前述の丸亀製麺なども実はまさに業態力がある企業です。そんな丸亀製麺も、どんどん集客して店舗を増やし、**多くの人にとって「ありふれた、日常的なお店」になってきたときに、店舗の立地や商圏が重要になってきます。**

　今後、丸亀製麺が本当に残っていく企業だとすれば、今後の出店では立地と商圏により重きを置くはずです。

　そして最近は国内のみならず、海外への展開にも力を入れています。

　日本で出すべき立地に出店したら、その次は海外に目を向けるというチェーンは、今後ますます増えるでしょう。

　日本に数店舗しかないなど、物珍しいうちは、お客様もネットで調べるなどしてお店に来ます。

　ですが、店舗数が増えて徐々に一般的になってくると、思い出

してもらえるかどうかが重要になってきます。

　私たちは生活の中で、「いつも通る道で丸亀製麺が見える」「駅前にマクドナルドがある」「家のすぐ近くにローソンがある」などと、場所とセットで店舗を記憶します。
　同じ道を何度も通れば、その記憶はどんどんすり込まれて、より強固なものになっていきます。そうして記憶にしっかりすり込まれていくと、「お昼、どこで食べる？」となったときに、「あそこに丸亀製麺があるから行こうよ」とお店のことを思い出してもらえるのです。

　「どこに行く？」というタイミングで自分たちのお店を思い出してもらえるかどうかは、記憶にどれだけ残れているかにかかっています。

　記憶に残してもらうためには、やはり〝いい立地〟にあったほうが覚えてもらいやすいでしょう。
　いい立地にあれば、それだけで常に看板を出して宣伝をしているようなもの、覚えてもらいやすいわけです。

売上げのムラをなくすべく、1日中いつでもお客様がお店にいる状況をつくるため、ゆとりのある店内にし、駐車場を広くしている。

立地の利便性 その4

オペレーションと 立地の関係

Q ロードサイドに1号店をオープンし、成功させたハンバーガー屋さんがあります。このお店が2号店を出店する場合、次は駅前とロードサイド、どちらに出店すべきでしょう？

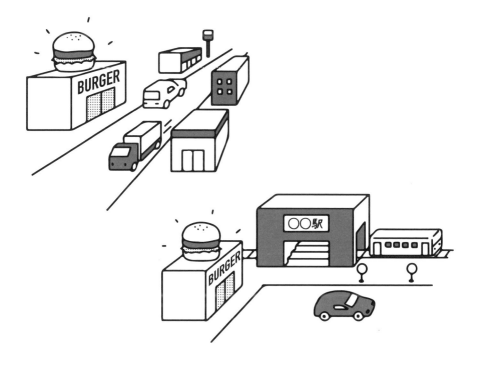

ヒント ➡ ④「建物構造」 の要素で考えてみよう

1号店のオペレーション、
意識していますか？

　ロードサイドで開店か、駅前や繁華街で開店か。

　最初にお店をオープンする場所は、その後の店舗展開においても大きな意味を持ちます。

　ロードサイドで成功したお店は、同じようにロードサイドで展開していくほうが成功しやすいのです。

　駅前で人気を得たお店は、その後も似たような駅前の立地に出店するほうがうまくいくでしょう。

　ロードサイドの店舗が発祥で、ロードサイドにどんどん出店を重ねて成長しているようなチェーン店は、駅前に出店すると意外と苦戦することがあります。

　それは、店にとってベストのオペレーション（レジと客席の配置など、店の構造）が、立地先の条件によって変わってしまうからです。

　わかりやすい例でいえば、ハンバーガーショップの駅前の店舗と、ロードサイドにあるドライブスルーのある店舗では、オペレーションがまったく異なります。

　普通の店舗では、注文を受ける店員と、できあがったハンバー

ガーを渡す店員は同じだと思います。

　混雑していて番号札を渡されるようなときは違う店員から渡されることもありますが、カウンターで注文とお金のやり取りをしている間に商品ができれば、その場で注文をとってくれた同じ店員から渡されます。

　一方、ドライブスルーの場合、入り口付近の窓口で、店員かマイクに向かって注文します。

　注文後は、車を移動させながら完成を待ちます。最後に店舗の受け渡し窓口に着くと、商品とお金のやり取りです。

　このように、まず店員の人員配置が異なります。

　ドライブスルーは1列に並んだ車から順番に注文を受けるスタイルなので、注文を受け付ける店員は1人で十分。

　ドライバーに商品を渡す店員も、1人で対応可能です。店内カウンターの対面式では、レジが複数あるため1人だけで対応することはありませんよね。

　これが、オペレーションの差です。ハンバーガーショップにはハンバーガーショップのベストのオペレーションがあるように、各業態、各チェーンにはベストのオペレーションというものがあります。それを実現できるところに出店するのが望ましいのです。

ちなみに、ドライブスルーの店舗で、とても儲かっているところがあります。

　広域に移動する車がたくさん走っている道路沿いなどがそうです。先を急ぐ中、いちいち車を降りずに簡単に買うことができるというのは魅力ですね。

　ドライブスルーは、店舗が少し狭いときにこそ有効です。席数を用意できない場合、ドライブスルーを採り入れることでテイクアウトの数を増やして売上を確保するのです。

　ですから、個人経営の飲食店であっても、店舗が小さいからと諦めてはいけません。

　ドライブスルーを見習って自店でもテイクアウトを可能にすれば、その分のお客様を取り込めます。

　最近では、焼き鳥居酒屋の焼き鳥や、イタリアンレストランの本格窯焼きピザなど、さまざまな個人経営の飲食店でテイクアウトをしているところが増えてきています。

　チェーン店の店舗展開から、このような視点を学ぶこともできるのです。

収益性の高い店舗の
フォーマットを維持

　飲食店は、売上の約 8 ％の賃料が理想的だとされています。

　月に1000万円の売上なら賃料80万円程度が理想です。80万円でそれなりに規模感のあるテナントを探すのは、簡単ではありません。

　それでも前述のとおり、出店数のノルマがあると、賃料が高い物件でも、形がいびつな物件でも、ひとまずオープンしてしまいます。

　こうした行き当たりばったりの出店を繰り返していると、気づけば真っ赤なＰ／Ｌ（損益計算書）になってしまっているわけです。

　そのときにすぐにテコ入れできなければ、立ち行かなくなってしまうでしょう。

　要は、お客様目線でお店をつくれているかどうか、という話です。お客様が入りやすく、食べやすく、帰りやすい。この一連のお客様の流れに対して気遣いができるかどうかが問われています。「店舗の形状は厳しいけれど、とりあえず開店した」という自分勝手な出店では、支持は得られないのです。

　では、どうすればお客様から支持されるベストな店舗ができるのでしょうか。

　クイックに回転数を稼いでいくお店なのに、店舗の面積がやた

らと小さい。逆にやたらと広い。これは非効率です。

　お客様を待たせすぎてもいけないし、ガラガラすぎてもいけない、その間を保てる絶妙なバランスがあって、本来はそのサイズ感がお店の店舗構成を決めるのです。

　たとえば、吉野家でもなんでも、「こういう人がターゲットで、こんなふうに利用してほしい。となると、だいたい○席ぐらいがベストだ」といった基準が決まっています。

　吉野家なら吉野家の、ベストな店舗のフォーマットができているのです。

　ロードサイドを中心に展開している飲食チェーンの多くでも、店舗のフォーマットが決まっています。

　どのくらいの広さで、厨房がこの位置にこのくらいの面積、カウンターを囲む客席はいくつで、テーブル席は窓側にいくつ、入り口・出口はもちろん、食券機を配置する場所まで決まっています。

　それを現状の物件に当てはめて配置すれば、ベストな店舗のできあがりです。

　コンビニなら40坪もあればOKで、その中でどういう配置にするとクイックに買い物をしてもらえるか、そのフォーマットもだいたい決まっています。

　ところが、フォーマットを無視してどんな物件にでも出店して

いると、ベストな店舗に合わせた店づくりをすることができず、コンセプトが崩れてしまいます。

　そのため、10席しかない狭い店舗から、30席以上もある妙に広い店舗まで、さまざまな形状の店舗ができるのです。

　こうなると、お店の収益性も変わってきますし、オペレーションも変わってきます。すべてが崩れてしまうのです。

　チェーン店というのは、均一の商品を、均一のオペレーションで、均一のお店で提供するというのが大前提になってきます。多少の誤差はあって当然ですが、あまりにも違っていたらそれは問題です。

　その業態にとって最も収益性の高いフォーマットを組み上げ、それをどれだけ守って出店するか、それが店舗そのもののクオリティの高さにつながります。

　チェーン店は、我々の気づいていないところで綿密な店舗開発を進めているのです。

ロードサイドで成功したお店は、オペレーションに差が出ないよう、2号店もロードサイドで展開する。

一等地がすべて、
ではない！

Q 「富士そば」やカフェ「ベローチェ」は、たいてい一等地ではなく、「なぜここに？」という場所に店舗を構えています。さて、この2店のターゲットはどんな人たちでしょう？

ヒント ⟹ ⑦「商圏の質」 の要素で考えてみよう

「誰にとっての好立地か」 が重要

　都内を中心に110店舗以上を展開している「名代 富士そば」は、低価格のそばをメインに丼物も扱っていて、スピーディーに提供されるのがウリのお店です。

　1人でサッと食事を済ませたいときにぴったりで、創業者・会長の丹道夫氏のこだわりで、店内では必ず演歌が流れています。

　個人的な印象ですが、富士そばは、「すごくいい立地」にあるわけではありません。人通りの多い立地にしっかり出店しているな、という印象ではないのです。

　しかし、「困ったときに富士そばがある！」と感じます。たとえば初めてやって来たような場所で、「このあたりは食べ物屋はないようだ。昼飯は諦めるか」と途方に暮れて覚悟を決めたそのとき、富士そばがあった、という感じです。

　飲食店が軒を連ねる商店街にあるというより、その商店街を通り抜けてすぐに曲がった道や、商店街のなかほどから1本横の路地に入ったところ、あるいは地下鉄を降りてお店もまばらな土地、住宅街の一歩手前の交差点……そういった「この店しかなければ、ここで食べるだろう」という場所にひっそりとお店があるイメージなのです。

味で本格そば屋と勝負する店ではありません。普通のおそばを、スピーディーに出すのが富士そばです。

富士そばは、創業者で会長の丹氏が出店場所を決めていると聞きます。

丹氏は富士そばを創業する前は不動産会社で成功した方で、物件については一家言あるのだそうです。

そんな不動産に詳しい創業者が見つけてくる物件です。いうなれば、「お客様が『助かった！』『富士そばがあってよかった！』と思える場所」にしっかり出店している。絶妙な立地戦略を感じます。

同じように、不思議な場所にあって重宝するのが「カフェ・ベローチェ」です。ベローチェは「コーヒーハウス・シャノアール」の別業態で、都内を中心に約１６０店舗あります。ブレンドコーヒーが１杯約３００円と手頃な価格で、ちょっとした休憩にはピッタリです。

コーヒーチェーンのドトールコーヒーなどは、駅を降りてすぐのところ、駅前からわかりやすい場所に出店していることが多いです。

駅の近くで時間を潰そうとしたり、駅周辺で待ち合わせをするとき、ぱっと目に入って便利な場所です。

一方で、ベローチェは駅の真正面にある、というわけではあり

ません。駅から近いことは近いのですが、1本横道に逸れたところや大通りに面している店舗の裏側など、王道とは少し外れたところにあります。

　しかし、その周辺に住んでいる人、その周辺で働いている人たちはベローチェがそこにあることを知っていて、利用者が多くいます。

　ベローチェのホームページには、「お客様が毎日気軽に利用できるよう、分かりやすく、立ち寄りやすい場所に立地しています」と書かれていますが、**これは「その場所を毎日訪れるような人が、覚えやすく、使いやすい場所にある」ということではないでしょうか。**

　王道からすれば少しわかりにくい場所ということもあり、おそらく賃料もそんなに高くはないはず。

　その代わり、1店舗の面積は広めのところが多いです。駅の目の前ではなく、気づかない人もいるので、たいてい座れる印象です。駅前に行列をつくっているようなカフェとは違い、ゆったり過ごすにはもってこいのカフェなのです。

　富士そばやベローチェは、「ここに出店するなんて、わかってるな！」とお客様に一目置かれるような場所に出店できれば、経営はしっかり成り立つという好例でしょう。

　都内で飲食店に困ったときは、付近に富士そばやベローチェが

ないか探してみてください。

その周辺に住んでいる人、その周辺で働く人たちがメインターゲット。少しわかりにくい場所でも、その場所を毎日訪れる人にとって、覚えやすく、使いやすい場所にある。

立地の利便性　その6

集客の武器
「顧客誘導施設」

Q　「わざわざ、目的を持って行く施設」のことを「顧客誘導施設」と言います。さて、あなたなら、駅とそれぞれの顧客誘導施設の間に、どんなお店を出店すべきでしょうか？

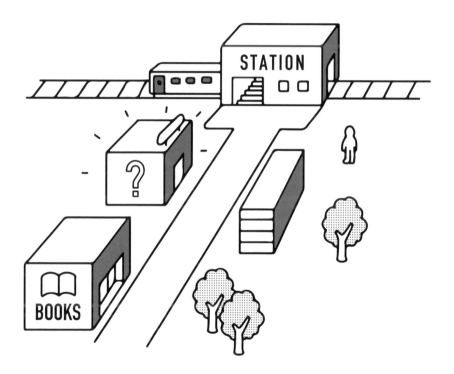

ヒント　➡　①「顧客誘導施設」の要素で考えてみよう

顧客誘導施設との
「親和性」とは？

東京都・代官山の蔦屋書店に行ったことはありますか？
新しい書店のコンセプトで、現在も人気を博しています。

　普通の書店のように本が整然と並んでいるのではなく、並べる
本そのものやディスプレイにもこだわりを見せており、「アート
な空間」といえる雰囲気です。
　書店なのに、ダウンライト照明のもと、まるでレストランバー
のような大きく贅沢なソファセットがしつらえてあったり、ピア
ノが飾ってあったりします。
　当然、書店の中にもラウンジが併設されています。

　さらには、そのジャンルに詳しいコンシェルジュと呼ばれる専
門スタッフもいるため、「こういう本を探しているんですが」と
相談に乗ってもらえます。
　ビル内にはコンビニや病院まであるため、ひとつの街を形成し
ているような雰囲気になっており、休日ともなれば客足が途絶え
ない状況です。
　当然、ここにあるファミマ!!は、おなじみの爽やかな青と緑で
はなく、蔦屋書店の雰囲気にマッチするダークブラウンの外装で
す。

　そんな蔦屋書店は、代官山駅から５分ほど歩いた旧山手通り沿いにあります。

　もともとは静かな通りで、知る人ぞ知るブランドショップなどに足を運ぶ女性を中心に人気がありました。

　緑も多く、新宿や渋谷といった店舗がたくさん建ち並んでいるようなところではないため、ゆったりと買い物を楽しめる土地でした。

　ところが、その雰囲気は蔦屋書店ができてから一変します。静かな通りには人があふれるようになり、土日ともなると人も多ければ車も渋滞するようになりました。

　蔦屋書店は、非常に強力な顧客誘導施設になったのです。

　顧客誘導施設とは、「わざわざ、目的を持って行く施設」のことです。磁石のようにお客様を引き付けることができる、強いブランド力、コンテンツ力を有しています。

　その惹きつける力が強ければ強いほど、街の風景が一変するくらいにたくさんの人を呼び寄せることが可能です。

　蔦屋書店はまだ全国に数店舗しかないため、「見てみたい、行ってみたい」と感じて足を運ぶ人が大勢いるのです。

　人の流れを変えるほどの力を持っている顧客誘導施設があれば、その近くには飲食店が増えます。

　実際に、蔦屋書店の周りのカフェは大賑わいになりました。本屋をふらっと見て、それからお茶をして一休み……そんなルート

129

を誰もが通ろうとするため、カフェが儲かるわけです。

　カフェもチープさを売りにするお店というよりも、蔦屋書店を目指してくるようなしゃれた休日を楽しみたい人向けの、こぎれいな店が多いです。

　多少値の張るカフェだったとしても、どこのカフェも混んでいれば「ここでもいいか」と思って入りますよね。

　いまだに多くの人があふれていますから、今代官山にカフェをオープンするというのは狙い目かもしれません。

　この蔦屋書店とカフェのように、特定の顧客誘導施設と親和性の高い業態というのがあります。

　たとえば、牛丼の吉野家と親和性の高い顧客誘導施設は、場外馬券場です。

　競馬を見に行く人たちが、その前後に食事をするのにちょうどよいということで、場外馬券場近くの吉野家は売上がとても高いのです。

　場所によっては、競馬場があるかないかで売上が300万円も変わってくると聞きます。

　吉野家以外にも、安くてクイックで食べられる飲食チェーンが、場外馬券場をはじめ競輪場近く、ボートレース場近く、大型パチンコ店近くにたくさんあると思います。

　そういった場所の近くに高級フレンチを出店しても、きっと儲

からないですよね。

　女性客がメインになるようなお店を出しても、あまり人が来ないでしょう。

　どんな施設が自店にとっての顧客誘導施設になり得るか、どういう施設がマグネットになって人を集めてくれるか。

　都心の駅は当然ですが、客層にマッチした顧客誘導施設がどういったものなのか、一度考えてみてください。

　まずは自社のお客様をきちんと理解したうえで、その人たちが集まる施設はどこなのかを見定めることです。

代官山駅と蔦屋書店の間には「カフェ」を、水道橋駅と場外馬券場の間には「牛丼屋」をオープンといった具合に、それぞれの顧客誘導施設との相性のいいお店を開く。

立地戦略の異端児、
サイゼリヤ

　新興勢力に押され、苦境に立たされる飲食店がある一方で、ゆるぎない強さを見せる飲食店も存在します。

「サイゼリヤ」は、千葉県市川市で誕生したイタリアンのファミリーレストランです。

　驚くほどの低価格で食事からワインまで美味しいイタリアンを楽しめるとあって、知名度は高いでしょう。主なお客様は、学生を中心とする若者や家族連れです。

　本稿執筆段階では全国に１０６９店舗ありますが、このサイゼリヤの立地戦略は異端といっていいものです。

　なんと、２階や地下１階が多い。普通は敬遠する地上２階以上のフロアや地下に、明らかに臆することなく出店しています。

　ビルの２階は１階よりも賃料が安いので収益性も取れますし、ビルの側面を使った広告戦も可能です。

　しかしこの出店スタイル、これまでのどの業種、業態、ブランドとも真逆ですよね？　本書でも、「２階より１階」「賃料の安さに目をくらませてはならない」と書いてきました。しかしサイゼ

リヤは、これで成功しています。

　なぜ、こんなことが可能なのか。それは、サイゼリヤの商品力の強さです。

　普通のファミリーレストランと比べても、ピザやドリア、パスタがとにかく安い。パスタも５００円以下のものがあるくらいで、１０００円もあればお腹いっぱいに。

　そんなに安いと材料の安全性などが心配になるところですが、サイゼリヤでは野菜などを日本の提携農家（つまり自社農場）から仕入れ、ワインなどは本場イタリアから直輸入しているというから驚きです。

　この圧倒的な商品力が、出店場所の選択肢を増やしているのです。おそらく、ショッピングセンターなどからの引き合いも多いでしょう。

　これらを実現しているのは、サイゼリヤの創業者、正垣泰彦氏（現会長）でしょう。正垣氏は東京理科大学出身、つまり理系で、大学在学中に「サイゼリヤ」１号店をオープンさせ、ここまでに育て上げました。

　さすがは理系創業者の企業というべきか、サイゼリヤではフロア清掃の方法までもがデータに基づく改善の末に完成されたというのですから、類まれなるロジカルシンキング、そしてバランス感覚が、立地戦略においても生きているということでしょう。

　自店の商品力やターゲットを誤って、賃料の安さにひかれたお店が真似をしても、まずうまくいかないと思ってください。

まとめ

第3章

○ 人口が多ければ正解ではない。昼と夜でガラリと変わる、街の性質を見抜くべし。

- -

○ 新しい駅ができて人の流れが変化したり、高速道路ができて国道の交通量が減るなど、時代とともに儲かる店の立地は変わっていく。

- -

○ ビルでの出店は、ブランド力のある業態を武器に交渉が可能。

- -

○ 多くの人にとって「ありふれた、日常的なお店」になってきたときに、「いかに思い出してもらえるか」が重要になる。

- -

○ 2号店の出店は、1号店と同じオペレーションができる立地や店舗を選ぼう。

- -

○ 「誰を狙うのか」ターゲティングが大事。その意味において、「一等地がすべて」とは言い切れない。

第 4 章

判断を曇らせる!
「立地戦略の誤解」

日本地図を眺めると、都道府県があり、無数の市や街があり、さらにその中に、立地を考えるうえで重要な役割を果たす「あるもの」が走っています。そう、鉄道と駅です。

　街には街ごとの、路線には路線ごとのカラーがあることに加え、駅ごとの個性もしっかり存在します。立地戦略を考えるのならば、街や路線のカラーを把握したうえで、それぞれの駅の特性をつかまなくてはなりません。

　また、「駅前」というだけで好立地だと思い込んでいる人もいますが、**駅に注目して立地戦略を見てみると「イメージと現実の差」**がよくわかります。

　立地戦略では、その場所のイメージが一役買うこともあるのですが、過信すれば失敗します。

　そこで本章では、この「イメージ」の活用方法と落とし穴について理解していただくため、立地戦略にまつわる街や駅の性格について解説していきます。

　普段利用するあちこちの駅を思い浮かべながら読んでください。

東京のセオリーは
全国で通用する

 ## 東京は
特殊な街である

　まずは大枠、地域ごとの特性から見ていきます。

　最も気をつけなければならないのは、自分が拠点とする地域の常識が、他の地域で通用するとは限らないということです。

　中でも特異なことを意識しなくてはならないのは、やはり東京でしょう。

　東京で立ち上げた店が軌道に乗り、「次は地方へ進出するぞ！」と意気込む経営者は数多くいます。

　ところが、この発想が大きな落とし穴。勢い任せに進出してもなかなかうまくいきません。

　それは、東京という都市がかなり特殊な街であり、東京で成功したセオリーに則っても、地域が変われば成功する可能性が低いからです。

　東京としばしば比較されるのが、人口の多い大阪です。人口量や経済活動のされ方、お金の落とされ方といったことは、東京と

図4-1 | 全国主要駅別乗降者数ランキング（2021年度）

JR・私鉄主要駅の1日の乗降者数

順位	駅名	乗降者数（人）	種別	都道府県
1	新宿	954,146	JR線	東京都
2	池袋	752,700	JR線	東京都
3	渋谷	732,759	東横線	東京都
4	新宿	596,465	京王線	東京都
5	横浜	580,752	JR線	神奈川県
6	大阪	580,634	JR線	大阪府
7	東京	542,216	JR線	東京都
8	渋谷	444,300	JR線	東京都
9	品川	441,860	JR線	東京都
10	大宮	377,152	JR線	埼玉県

大阪に近いところはあると思いますが、実は東京というのは、千葉、埼玉、神奈川の隣接する三県からたくさんの人が入ってくる、その量が非常に多いことも特徴です。**この一都三県が、いわゆる東京圏です。**

　三県から入ってくる人の多くが、交通手段として電車を利用しています。それを表しているのが、全国の主要駅乗降者数ランキングです（図4-1）。

　トップ10では、なんと3位の大阪駅以外はすべて東京と埼玉と神奈川の駅です。

いかに関東近郊の人が電車を使っているかがおわかりいただけると思います。

東京のセオリーを大阪で展開して失敗するワケ

対して、大阪は第二の都市のわりには電車が使われていないことがわかります。

なぜ、大阪は大都市にもかかわらず電車が使われていないのか。

答えは、電車を使わなくても通勤できるところに住んでいる人が多いから、です。

それをわかりやすく示しているのが、昼間人口と夜間人口の差です。東京は昼間人口が多く、夜間人口は少なくなります。

逆に、千葉、埼玉、神奈川の三県は昼間人口が少なく、夜間人口は多くなります。

一方で、同じことを大阪でやってみると、梅田駅周辺のわずかな場所以外は、昼間と夜間でほとんど違いが出ません。

つまり、昼間人口も夜間人口もあまり変わらない、ということです。 それを見てもわかるように、大阪は働いている場所と住んでいる場所が近い、「職住接近」の地域だとわかります。

だから、通勤には徒歩や自転車を使っている人が多いのです。特に自転車文化は発達していて、大阪へ行くと街中を走る数多く

の自転車を目にします。

　梅田駅周辺はオフィスもかなり多くありますが、大阪は中小の工場が多い地域です。

　そのため、工場のすぐ近くに住んでいて徒歩や自転車で通うというのが珍しくありません。

　もちろん、京都や滋賀などの他県から通勤している人もいますが、都内に通勤する三県からの流入人口の極端な多さとは比較にならないでしょう。

駅チカに出店すれば、安パイ

駅の重要度も、都道府県によって差がある

　東京と大阪でも街の特徴がこれだけ違います。「駅」の重要性という意味では東京が最大で、その他の地方都市ではそこまでではありません。

　仙台や広島、博多といった大きな駅も、東京の主要な駅と乗降者数を比べれば、それこそ「比ではない」のです。

　東京だけが特殊な街といえますから、一概に参考にしないほうがいいでしょう。

　東京はとにかく駅を中心としていますが、地方は決して駅が中心ではありません。

　もちろん「地方に行けば駅は無意味」ということではありませんが、都内の駅近くに出店して成功したからといって、地方の駅近くに出しても成功するとは限らないのです。

　実際、東京から地方進出に失敗する事例は少なくありません。地方で成功するためには、駅に近ければそれでいいという発想を

捨てる必要があります。

　もちろん逆もしかりで、地方から東京に進出する際には、「巨大な人口を抱える駅中心の東京圏」ということを把握しなくてはなりません。

　駅についての話は、この章の後半で解説していきます。

地方は人口集中地区に出店せよ

　では、地方では何に注目すればいいのか。それが、人口集中地区です。

　1キロ平方メートルに4000人以上が住んでいるところを、「人口集中地区」と国が定めています。

　要するに人が多く住んでいる場所を指すのですが、この地区に注目してほしいのです。

　東京都を見てみると、23区はほとんどが人口集中地区になっています。

　お近くの埼玉県がどうなっているか見てみましょう。人口集中地区を見るために便利なのが、国土交通省のサイトです。

　図4-2を見るとおわかりのように、埼玉県は非常にシンプル、わかりやすい構造です。

　国道の122号、川越街道＋東武東上線、西武池袋線、そして17号線＋京浜東北線、これら4本のラインに沿ったところに色が付

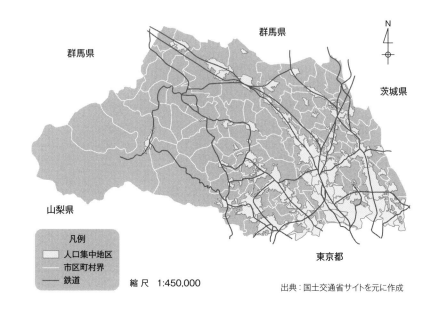

図4-2 | 埼玉県の人口集中地区

群馬県

群馬県

茨城県

N

山梨県

凡例
　人口集中地区
──　市区町村界
──　鉄道

縮尺　1:450,000

東京都

出典：国土交通省サイトを元に作成

いています。他の地域には色がありません。

　つまり、この４本のラインに沿ったところにばかり人がたくさん住んでいるというのがわかります。

　街でいうと、川越市、さいたま市、川口市といったところでしょうか。

　しかもこのラインに沿って、南に行けば行くほど人口の集中度が高くなっています。埼玉県の南ということは、東京です。

　ということは、埼玉県に住んでいる多くの人が「４本のラインに沿った東京寄り」に住んでいることがわかりますね。埼玉県に

出店する場合は、このラインに沿って出店すべきということがおわかりいただけると思います。

　とてもわかりやすいので埼玉県を例に挙げましたが、他の地域でもこの人口集中地区はあてになります。

　地方への出店を考える場合は、県の人口というだけでなく、人口集中地区を調べてみてほしいと思います。

　都心のように「駅」といったわかりやすいポイントがない場合も、国道などがポイントになっていることもあります。

　その地方ならではの、人が多く住む場所の特性を見分けるためのヒントとなるでしょう。

立地のクセもの!
京都の街の「碁盤の目」

　もう少し、各地の街の特徴について解説しましょう。

　先述のとおり、東京と大阪では、人が集まるポイントが異なります。

　東京は第一に駅だと書きました。乗降者数の多さからもわかるとおり、とにかく毎日大勢の人が電車を利用していますから、基本として、駅を押さえることは重要です。

　駅の人を１００％としますと、そこから三々五々散っていくことになります。すると、駅前から続く通りでも人の集中が60％の通りもあれば30％の通りもあり、駅から離れるにつれて数値

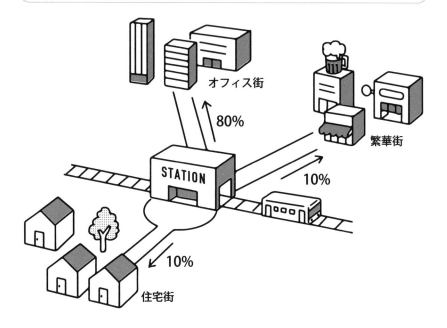

図4-3 │ 駅からの人の分散

オフィス街

80%

繁華街

STATION

10%

10%

住宅街

は下がっていきます。

　昼夜や曜日など、時間によってこのパーセンテージが変わることもあるでしょう（図4-3）。

　このように、駅を起点に、いかに人の集中の多いポイントを押さえればいいか、自分の業態に合った通りはどこかというのが、比較的わかりやすいのが東京です。

　しかし、大阪は電車の利用がそこまで多くありませんから、駅を起点にしても東京ほど大きな効果がないのです。

　では、大阪は何をポイントに、どこに出店するのがいいのか。

　正直、私自身も難しい、まだつかみきれていないと感じています。駅を経由してお店に入るというよりも、家から直接お店へ、といったルートをとる人が多く、こうなると単純に「人それぞれ」ということになってしまいます。

　大阪を探るべく、何度も大阪を訪れたことがありますが、いまだにその街の動きをつかみきれていない印象です。

　前述の「職住接近」や、自転車の利用者が多い（私の個人的印象です）ことも関係していると思います。

　この現象は、京都の場合も当てはまります。

　京都の市街地の地図を見ていただくとわかりますが、縦と横に非常にキレイに線が入っていてマス目のようになっていますよね。

　京都は碁盤の目のように道が走っているのです。この「碁盤の目」がクセモノです。

　みなさんは目的地へ行くときに、できるだけ近い道を行きたいと思いませんか？

　この「近道を行きたい」という意識が人を集めることになり、近道とされるところに人が集中します。

　ところが、碁盤の目であれば、どう行っても同じような距離になります。目的のお店へ右から行っても左から行っても距離はほとんど変わらない。すると、人の動線は分散してしまうわけです。

道が碁盤の目になっていないからこそ、近道を求める意識によって人が集中する場所が生まれます。京都のように碁盤の目になってしまっていると立地を見極めるのが難しいのには、こんな理由もあるのです。

このように、街の特徴がどうなっているかによって、立地を考える視点が変わります。
道路が特殊な形の京都は、バスが発達している点もポイントです。
観光地は比較的バスが発達しやすく、博多などもバスの街です。そういう点では、バス停がどういったところにあるかがひとつ、立地を考える際に押さえるべきポイントになるでしょう。

さらに特徴的なのが名古屋です。東京は電車、大阪は自転車とお伝えしていますが、愛知県はトヨタのお膝元ということもあり、名古屋は車がメインの街です。
コンビニエンスストアで比較したときに、東京であれば当然のことながら徒歩で来るような場所のため駐車場がいらないような立地の店舗でも、名古屋の場合は駐車場がないとダメなのです。もしくは、路上駐車ができるようなところでなければいけません。
このため、駅の近くであっても、名古屋は駐車場を設けている店舗が非常に多いのです。
立地を考える際には駐車しやすい駐車場スペースの確保は必須

となりますし、ロードサイドの立地になるため交通量を調べることも重要でしょう。

「人口の多い大都市」どうしを比較しても、これだけ違いがあります。

　その街がどういう街なのかを理解するためには、人口量だけでは到底足りず、その街の主要産業や人々のライフスタイルまで知る必要があることが、おわかりいただけると思います。

地下鉄の出口付近なら、人が集まる!

地下鉄の出口の死角

　都心の交通を支える地下鉄は、今ではなくてはならない存在です。

　さまざまな線が入り組んだ東京メトロも、近年それぞれの駅に新しい出口をどんどん増やしています。

　目的地に近い出口が増えることは、利用者としてはとても便利でありがたいことです。

　しかし、地下鉄駅の周辺の店舗にとってみては、実はこの出口が死活問題だったりします。

　どこに出口ができるかによって、店の売上に多大な影響を受けることがあるのです。

　図4-4をご覧ください。地下鉄の駅はたいてい道路の下にあります。

　建物の真下というよりは、道路の真下です。

　今、A〜Dの4カ所の出口があるとします。基本的な地下鉄の

図4-4 | 地下鉄出口の位置

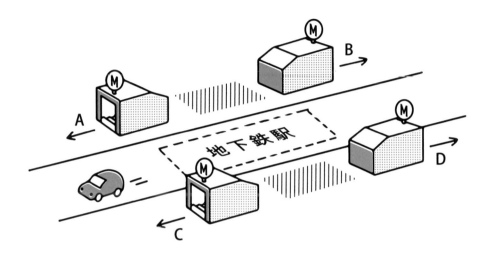

出口の位置は、このような4カ所です。

このとき、ユーザー視点で考えれば、多くの人が、4カ所の出口から地上へ出たあと、それぞれ矢印の方向へ進んでいくのではないでしょうか。

行き先に最も近い出口から出るのが普通とすれば、四方へ向かって進んでいくことになります。

となると、何が予想されますか？

そう、商売をするのに不利であろう立地がありますね。**AとB**

の間、CとDの間、図でいう斜線の部分。つまり、出口と出口の間です。

　もちろん、Aから出てBの方向へ向かう人も、Bから出たあとAの方向へ向かう人もいないわけではありません。

　ただし、限られていると思います。出口と出口の間の立地は、注意したいポイントです。

出口の新設で好立地が一転！

　実際に、こんな事例がありました（図4−5参照）。

　プロ野球チーム・東京ヤクルトスワローズの本拠地となっている明治神宮球場。

　この球場に最も近い駅が、地下鉄東京メトロ銀座線の外苑前駅です。

　明治神宮球場に最寄りの3番出口を出てスタジアム通りをまっすぐ行けば、右手に球場が見えてきます。

　この3番出口、実は以前はなかったものです。

　最初からあった出口は2番出口でした。この2番出口と3番出口の間にあるのが、ハンバーガーショップです。

　2番出口しかなかった頃、出口を出た人の多くがこのハンバーガーショップの前を通り、立ち寄っていたそうです。

　ところが、2番出口よりも球場に近い場所に3番出口ができる

図4-5 ｜ 出口新設による変化

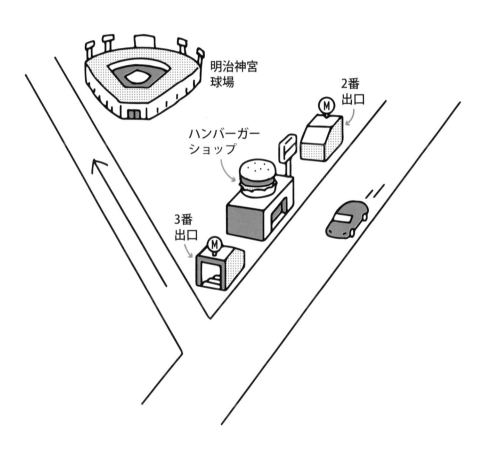

と、ハンバーガーショップの売上はガクンと落ちてしまったというのです。

多くの人が、目的地により近い出口から出ようと考えます。

３番出口はスタジアム通りに向かって地上に出ることになるので、ハンバーガーショップは振り向かなければわからない位置となってしまいました。

大きな集客力をもつ明治神宮球場目当てのお客様を逃してしまったことで、このハンバーガーショップの売上は下がってしまったのです。

このように、あとからそういった出口ができてしまっては、自分たちではどうにもできない面があります。

しかし、最初からわざわざ人の目が行きにくい場所、人の流れとは反対方向の場所へ出店する必要はないですよね。

特にコンビニやファストフード店などの目的性が低い業態は、立地を考える際に地下鉄の出口の位置や向きにも注意してもらいたいと思います。

スタジアム駅付近には
なぜコンビニがないのか？

　埼玉スタジアムや味の素スタジアム、日産スタジアムといった
サッカーの試合やライブイベントなどが行われる大きなスタジア
ムがある駅があります。

　そしてそれらのスタジアムはたいてい、最寄り駅から少し離れ
た位置にあります。

　数万人を収容するスタジアムとなると、広大な敷地が必要です。
それだけの土地を確保するために、多少郊外の、駅から離れた場
所になるというわけです。

　だいたいが、駅から徒歩10 〜 15分程度といったところでしょ
うか。

　その間に、「飲み物を買っておこうかな」「中途半端な時間だか
ら食べ物を軽く買っておこう」と思い、道すがらコンビニを探す
ことがあります。

　何万人も収容する大きなスタジアムです。それだけたくさんの
人が同じ目的地に向かっているのですから、コンビニがいくつ
あってもおかしくないと考えるでしょう。

ところが、なかなかコンビニがない。

　ようやく見つけても、コンビニに寄ろうと思った人たちが大勢そのコンビニに詰めかけているため、店内は超満員です。

　レジにも行列ができていて、「これに並んでいたら間に合わない！」と、買い物を諦める人もいるでしょう。

「ここにコンビニを出したら、儲かるのでは……」と思いませんか？

　スタジアムへ行ったことがある方はわかるかもしれませんが、実はスタジアムの周りには意外と人が住んでいないのです。

　多少の住宅街はありますが、スタジアムの周りに田畑や更地が広がっていることも珍しくありません。

　最寄り駅も、規模が大きい駅というよりは、比較的こぢんまりした駅のことがよくあります。

　そうなると、数多くのコンビニがあっても競合し合ってしまうことが予想されます。

　試合やイベントがあるときは大勢の人がやって来るからいいのですが、普段はそんなにお客様がいない、つまりニーズがないという状態が考えられます。

　実際、味の素スタジアムの最寄り駅、京王線・飛田給駅近くにあるコンビニは、サッカーの試合やイベントがある日は売上が１００万円にもなるといいます。

　しかし、それ以外の日の売上は30万円ほどだと聞きました。差は70万円ですから、日によって売上に相当な波があります。

　安定した営業をしたいと思えば、スタジアムの近くだからといって安易にコンビニを出店することはできないのもうなずけるでしょう。

　飲食店も同じです。イベントのない、通常の日の営業はなかなか苦しいものがあると考えられます。

　その駅に大きな施設があるからといって、容易に売上が立つわけではないのです。

　これも、立地戦略を考えるときに気をつけるべきところです。

まとめ

○ 地域や都市によって、暮らしてみなければわからない
差が多々ある。自分の県で成功した戦略が、他県で
通用しない可能性は大。

○ 土地についてはイメージが先行しがち。しかし、「ほ
んとうのところ」を知るためには、土地勘があって
もなくても、データと一次情報のつきあわせが必須
である。

○「駅前に空きが出た!」というぬか喜びは禁物。必ずし
も、該当エリアの人々が電車を積極的に利用している
わけではない。

○ たったひとつの出口の新設で、運命が変わり得る。
昔は好立地だった場所が、ガラリと変わることもある。

第 5 章

出店戦略の実践

「駅出入口から100m、通行者からの視認性も抜群、駐車場スペースも広々確保できる」そんな物件があったとして、この物件は良い物件でしょうか？

　答えは、わかりません。

　その駅の乗降客数が僅か100人／日の過疎地域であるケースを考慮していないからです。

「リッチ貧乏（立地貧乏）」というフレーズは耳にしたことがあるでしょうか。

　どんなに魅力的で、利便性が高い立地に店を構えたとしても、その地域に見込み客が存在しなければ、お客様を集めることはできません。商圏の魅力は潜在的な可能性を、立地の魅力は刈取率を示し、この２つの要素の組み合わせが最終的に店舗の売上に結びつきます。

　ここまでの章では、立地戦略の基本となる10の思考法を、それぞれについて例を挙げながら見てきました。この章ではこれまでに見てきたことを総括して、10の要因をどの様に組み合わせれば「勝てる」のか、その実践テクニックを見ていきます。

人口の大切さが
わかる話

Q 東京23区内に出店するなら、港区と足立区、どちらがいいでしょうか？　理由も併せてお答えください。

ヒント ⟹ ⑥「マーケット規模」の要素で考えてみよう

出店時に重視すべきは、
何よりもまず〇〇〇

立地にまつわるコンサルタントをしていてよく受ける相談に、「東京23区内に出店するなら、港区がいいですよね？」というものがあります。

なぜ、港区なのでしょうか。

それは、年収ランキングによるところが大きいようです。

都内の23区に住んでいる人の平均年収ランキング（リサーチオンライン、【2022年最新】　1位はあの区!?　東京23区の平均年収ランキングより）を見てみると、港区は平均年収1,185万円でランキングでは当然トップ、圧倒的に高い数字です。

これを見て、勘違いをする人がいるのです。港区に住んでいる多くの人が、年収1,000万円以上なのだと。

港区には、高層マンションが建ち並ぶ地区もあり、年収が高い人が多いというのは確かかもしれません。

しかし、現状は超高額年収を得ている一部の経営者や芸能人などの人たちが、平均値を上げていると考えるのが自然でしょう。

それこそ数千万円、数億円といった年収の人が住んでいる可能性が高く、そういった人たちが平均を引き上げているのです。

しかし、多くの人たちの年収は、400万円や500万円だったりと、

他の区とさほど変わらないはずです。

　一部のエグゼクティブな人たちを含めたうえでの平均1,185万円だと、認識することが必要です。

　多くの人の年収に大差がないとなると、どこの区に出店すればいいのか？

　答えは簡単です。「母数の多いところ」、つまり、人口量の多いところに出店すればいいのです。

　港区の人口は約24万人で、23区内で17番目です。最も多い世田谷区の人口は約90万人。港区の4倍近くもの人が住んでいます。

　どちらに出店したほうが、より成功率が高まるか、明らかですよね。

　一方で、飲食チェーンなどであまり人気がないのが、足立区です。

「足立区にはあまり出店したくない」という声を何度も聞いたことがありますが、その理由はたいてい、「あまり高価なものを扱っても売れなさそうだから」でした。その根拠としては、先ほどの平均年収ランキングで、足立区は357万円だからです。

　ところが、実際に足立区に出店すると、単価の高いものやサービスを扱う店でも、繁盛する店が多い。

　それは、足立区は人口が多いからにほかなりません。

　足立区は23区内で人口5位、約69万人です。飲食チェーンに人気のある港区の人口の2.8倍も多く、そもそもの母数が大きいわけですから、売上が高くなるのも納得できます。

　年収だけで判断したら、足立区に出店は考えないかもしれません。ですが、平均年収300万円台の区は、23区のうち6区で約4分の1です。

　足立区だけが突出して低いというわけではないのです。

　流行の最先端をいく高級レストランを出店するのなら、ブランディングからしても港区がいいでしょう。

　しかし、自分がどのような店を目指しているのか、富裕層が住む場所でないと儲からない店なのか、よく考えてみるべきでしょう。

　基本的には、目先の平均年収だけにとらわれて港区に出店するよりも、人口の多い足立区に出店したほうが儲かる可能性は高い。

　これは間違いありません。

　出店時に重視すべきは、何よりもまず人口量です。

　いくら平均年収が高くても、もともとの人口が少なければ、来店する人数は限られます。

業態によるところもありますが、絶対的に人口の多いところに狙いを定めて出店先を考えていくべきなのです。

単価の高いサービスやものを提供する経営者さんが気にされがちな「お金持ち」というのも、全国各地にいるものなのです。

正しい数字データを 見る重要性

コンサルタントの仕事をしていると、クライアントさんから「エリアの規模が大きい」とか、「エリアのポテンシャルが大きい」という言葉を聞きます。

ですが、「何を根拠におっしゃっているのですか？」と尋ねても、「このエリアは人口が多そうだから」といった曖昧な理由が多く、実際の数字に基づいたうえで発言している人は意外と多くないのです。

これではいけません。イメージ先行でもいいので、その後きちんと数字を押さえることをしてほしいと思います。

市場規模が大きい、マーケット規模が大きいといった表現は、既存店周辺に住んでいる人口量や、それらの世帯が使っている金額などに置き換えることができます。

すなわち、漠然と大きい・小さいということではなく、正しい数字として表すことができるのです。

では、どんな数字を用いればよいのか。

わかりやすいのが、みなさんもご存じの国勢調査のデータです。
国勢調査の結果はインターネット等でも公表されていますので、どこに何万人が住んでいるのか、収入のどのくらいが何に使われているのか、国の調査に基づいた正しい数字を知ることができます。

　国勢調査を活用するメリットは、全国一律にほぼ同時期に計ったデータが見られるという点です。一方、デメリットは、調査自体が5年に一度であり、公表までに1年程度のタイムラグがあることです。タイミングによっては、最大6年程度のタイムラグが生じます。

　ただし、こうした人口データにも新たな動きがあります。スマホアプリから取得したGPSなどの位置情報を活用したAgoop社の流動人口データや、基地局で補捉した位置情報を用いたドコモ・インサイトマーケティング社のモバイル空間統計など、位置情報を秘匿化、統計加工したビッグデータです。国勢調査などの人口データを補完するものとして、大きな期待が寄せられます。

　それらを踏まえたうえで、ある程度慎重に見なければいけないものの、東京のように成熟したエリアというのは人口が急に増減したり、小売に使われる金額がガクンと落ちるようなことは考えにくいです。

　地方では人口減などが問題になっていますから、この5年、10年のスパンで地方都市が急激に過疎化したり、廃村するようなと

ころが増えたりということはあるでしょう。

　地域によって変化の大小が異なる現代において、適切なデータソースを参照しながら、変化の先読みも含めて、人口データは活用していくべきです。

　なお、弊社では詳細な数字データが得られる地理情報システム「ＧＩＳ」を使っています。

　緯度・経度に基づいてかけられた同じ大きさの網目＝地域メッシュをもとにつくられていて、出店したい物件から半径500メートル等、範囲を指定すると、その範囲内の流入人口や居住人口、世帯数や使用金額、一次産業従事者の人数や性別までわかります。

　ただ、これは専門性が高い有料のシステムです。中小企業や個人での出店の場合には、国勢調査の他に自治体や役所のホームページ、住民基本台帳など、無料で集められる範囲の数字データで十分カバーできますので、人口量だけでも調べてみてください。

どんな大手も最後は、数字で決断する

　データを活用して人口量を調べ、ある程度の出店先エリアを絞ったら、次にしていただきたいのが現地の視察・調査です。

　地図やデータを眺めているだけでは、その街の実態はつかめません。実際にそのエリアに足を運び、立地に適した場所を探します。

　いくつかの物件に目星を付けたら、交通量・通行量を計測します。

　道路交通センサスによる交通量調査の結果データなどもありますが、これは主だった道路の結果しかありません。

　物件によっては細い道路や路地に面していることもあるので、手動式カウンターを使って、その物件の前をどのくらいの車が通過するのか、何人が通り過ぎるのか、実際に数えてみることをおすすめします。

　当たり前のようで、意外にやっていない方が多いです。

　個人店を出す場合も、交通量・通行量の計測は行ったほうがいいでしょう。

　立地的には駅に近くて人が多く通ると思っていても、そうではない可能性があるからです。

　銀座などはその典型で、メインとなる中央通りにはたくさんの人が行き交っていますが、たとえば銀座松屋の裏の通りに行くと一気に人が減ります。

　同じ銀座ですから賃料も大きくは変わらないでしょう。ですが通りが１本違うだけで、人の往来は大きく変わります。地名と立地だけで判断せずに、必ずその場を訪れて人の流れを調べてください。

　大手のコンビニチェーンでは、17時間計測というのを行って

います。

　30分計って30分休憩を繰り返して17時間、その場を通る人の人数を計り続けるのです。

　もちろん、平日と休日、どちらの場合も計ります。アルバイトに依頼することもありますが、開発部隊の人たちが自分たちで計測を行うこともあります。

　手動式カウンターの計測は、カチカチとボタンを押すだけの地味な作業だと思われるかもしれません。

　しかし、立地戦略に長けたコンビニチェーンでさえ、必ず計測を行っています。この地道な計測があってこそ、「やはりこの場所だ」という出店の決め手になり、その裏付けがあるからこそ繁盛店へとつながっていくのです。

　逆にいえば、めぼしい物件がいくつか出てきたときに、この方法で計測した結果で判断することもできます。

　少しでも人通りの多い物件を選べば、その分だけリスクは減らせますし、印象だけでなく根拠に基づいて物件を選べます。

　面倒かもしれませんが、ぜひとも一度はカチカチと数えてみてください。

　地道な努力なくして成功への道はないのです。

　「足立区」。港区よりも、人口量が多いから。

人口の次に見るべきは
「店舗数」

　すべての基本は人口を見ることから始まりますが、その次に見るべきは同業の店舗数です。
「そこにどの程度の需要があって、そこにどの程度の競合がいるのか」、つまり需給バランスを見ることが一番のポイントです。

　人口が1万人、競合が10店舗（即ち 1 店舗あたり1,000人をカバー）存在するＡエリアと、人口が 3 万人、競合が15店舗（即ち 1 店舗当たり2,000人をカバー）存在するＢエリアを比べたとき、Ｂエリアの商圏のほうが良いという理屈です。

　実際に、日本全国の約1900の市区町村のスーパー、コンビニ、100円ショップに着目し、人口、各業態の店舗数をプロットすると、きれいに相関していることがわかります。

　当然と言えば当然ですが、あなたが運営するお店が何であれ、基本原則として、人口と店舗数は密接に関連しています。商圏のキーポイントは人口当たりの店舗数、要するに需給のバランスにあるのです。

「需給バランス」が
成否を決める

「人口と店舗数が相関」するというのは、「人口に比して店舗が増えすぎると、供給過多になるため閉店／廃業が増える」ということを意味します。

各業態で、過去一定期間における出退店数に着目してみましょう。

たとえばスーパー、コンビニ業態は「既に飽和している業態」と認識されることが多いと思います。

成熟した業態においてより顕著な傾向が見られるのですが、人口当たり店舗数が多い市区町村、言い換えると供給過多の場所であるほど、店舗数の減少（閉店）が多いのです。

一方で、「店舗が（人口に比して）少ない地域では、まだ出店余地がある」といえます。

実際に、人口当たり店舗数が少ない市区町村、言い換えると需要超過の場所であるほど、店舗数の増加（新規開店）が多いのです。

これは、シンプルながら重要な事実です。

あなたがこれから出店しようとしている地域が、「（その業態の）店舗が多すぎる地域」だった場合、折角出店したとしても、

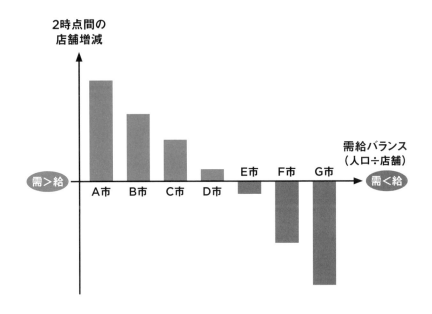

図 5-1 ｜ 人口と出店の需給バランス

失敗する（閉店／撤退に終わる）確率が高いということです。

たとえば飲食店においては、「出店後3年以内に70%が閉店する」などといわれることがあります。

中には、自分の人生を賭けて飲食店をオープンしたのに、残念ながら思ったように集客できず、閉店してしまう人もいるでしょう。

需給バランスを確認するだけで、成功確率を高めることができるのです。

「3つの人口」を押さえよう

居酒屋業態はコロナで大きなダメージを受け退店が相次いだ業態ですが、コロナがひと段落した2023年現在、出店に向けて舵^{かじ}を切っている事業者もいらっしゃいます。

ここでも「需給バランスを見て出退店判断することで、成功確率が高まる」と考えられます。

ただ、ここで注目すべきは、人口という指標の選び方です。

たとえば、そのエリアに何人が住んでいるか（夜間人口）だけではなく、何人が働いているか（昼間人口）、何人が通行するか（移動人口）といった概念も存在します（図5-2）。

これらの違いを考慮したうえで、商圏を評価することが必要です。

居酒屋の出店を例に考えてみましょう。

多くの場合、「自宅付近の居酒屋に（家族と）行く」というのは、あまり考えにくいと思います。

それよりも、「勤務帰りに同僚／友人と行く」ケースが多く、さらには、「皆が集まりやすい駅などに集まって、同僚／友人と行く」ケースが最も多いのではないでしょうか。

図5-2 | 押されるべき「3つの人口」

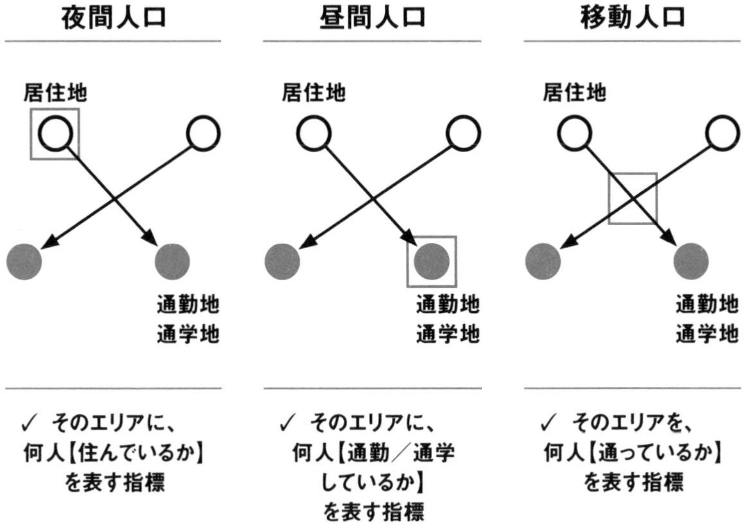
夜間人口
昼間人口
移動人口
居住地
居住地
居住地
通勤地
通学地
通勤地
通学地
通勤地
通学地
✓ そのエリアに、
何人【住んでいるか】
を表す指標
✓ そのエリアに、
何人【通勤／通学
しているか】
を表す指標
✓ そのエリアを、
何人【通っているか】
を表す指標

そう考えると、居酒屋出店は「移動人口」の視点から考えるのが妥当といえそうです。

業態によって、人口という指標の選び方は異なることに留意せねばなりません。

実践知識4

「最適人口ミックス」で考えよう

さて、ここで疑問が浮かびます。さまざまな人口指標が存在す

る中で、どれを採用すべきなのでしょうか？

　たとえば、焼肉店などは家族で近くの店を訪れる場合もあれば、同僚と会社帰りに利用する場合もあります。

　ここで提案したいのが「最適人口ミックス」という考え方です。

　つまり、夜間人口、昼間人口、移動人口、またはこれらを組み合わせるという考え方です。

　特に興味深い結果をもたらす「学習塾」の最適人口ミックス分析を見てみましょう。

　小中学生は自宅近くの学校／塾に通うことが多いため、夜間人口で見ても昼間人口で見ても、大きな差はないはずです。

　しかし高校生は、自宅から遠い高校、塾に通うことも多いはずです。

　過去にそういった目線で学習塾の数と人口の関係を読み解いたことがあるのですが、小中学生向け塾は夜間人口で見ても昼間人口で見ても、人口と教室数の相関はほとんど変わりませんでした。

　一方で、高校生向け塾は、夜間人口×68％＋昼間人口×32％で定義する「人口ミックス」を考えることで、地域ごとの教室数の多寡がきれいに説明できるのです。

　なお、人口の調べ方については、たとえば政府統計（e-stat）が

参考になります。

　ただ、残念ながら、競合店舗数は世の中に簡単にパパっと調べられるツールがありません（とはいえ、飲食店の場合、たとえば「食べログ」で「市区町村から選択→ジャンルから探す→ヒット数」である程度の予測はできます）。

　そこで、この不便を解消するために、当社では需給バランスを簡単に調べられるツールを製作しています。

参加率を定めるのは
「商圏の質」

　店舗ビジネスの成功確率を高めるためには需給バランスを見ることが重要で、需要の定義の仕方には複数の考え方（夜間人口、昼間人口、移動人口、人口ミックス）があることをお伝えしてきました。

　これに加えて、特に「エッジが利いた（皆が利用するわけではない）」業態においては、「商圏の質」を考慮する必要があります。

　私たちがコンサルティングでお手伝いさせていただいた中で、美容院やエステといった審美サービスの需要を分析したことがあ

ります。

　詳細は割愛しますが、あるエリアに住まわれている女性について、「①特定の３業種に勤めている割合が高く、②大企業に勤めている割合が高く、③高所得の割合が高い（『キャリアウーマンスコア』が高い）ほど、当該審美サービスが浸透している」という傾向がわかりました。

　少しテクニカルな分析ですが、お伝えしたいことはシンプルです。

　３つの人口、これに加えて商圏の質なども踏まえて需要を正しく定義すれば、そこに存在し得る店舗数が明らかになる。この需給バランスの考え方を用いることで、「出店してから３年経たずに店をたたむ」悲劇を回避することができるのです。

実践知識 6

立地と 「モード（気分）」の関係

　日本橋髙島屋と豊洲ららぽーとは、３〜４キロメートル程度しか離れていません。

　いずれの施設も、中央区、江東区を始めとする近隣エリアに住んでいる方が多く利用される施設と考えられます。

　となると、両施設は同じような商圏タイプに属す、といってし

まってよいのでしょうか。

　言い換えると、同じような商圏タイプの施設なのだから、どちらの施設に出店しても大差はない、ということでしょうか。

　おそらく、違和感を抱く方が多いと思います。百貨店、ショッピングセンターに行くモード（気分）は異なるからです。

　この「モード」を理解するためには、店舗ミックスを見ることが有効です。

　なぜなら、「モード」と「店舗」は相互に影響を与えるからです。日本橋髙島屋はハイエンドなモノが多く揃うため、そのようなモードの時に利用し、豊洲ららぽーとは面白いコト、楽しいときを過ごせるからこそ、そのようなモードのときに利用するのです。

　当社では、主要な商業施設2600カ所について、テナント情報をまとめ、その性質を評価しています。

　たとえば、その施設に小売テナントがあれば「モノ消費」スコアに＋１点、サービス系テナントがあれば「コトトキ消費」スコアに＋１点、の様なイメージです。

　同様に、たとえばアパレルテナントに着目し、ラグジュアリ系であれば、ハイブランドスコアに＋１点、カジュアルファッション系であれば－１点、といった感じです。その結果を見てみると、ある程度、各施設の性格を表すことができています。

「ブランド力」の
考え方

　これまで「業態」を主語に据えて、良い商圏／そうでない商圏の見方をお話ししてきました。

　この見方は、「どんな企業、ブランドにとっても共通の見方」なのでしょうか。

　これを考えるにあたって、カフェ業界に着目し、東京駅周辺とイオンレイクタウンの商圏性を考えてみます。

　この２つの場所は、もちろんそこを訪れる人口はとても多いのですが、それ以上にカフェの数も多く、需給バランスを考えると「供給過多」という見え方にもなります。

　それでは、東京駅やイオンレイクタウンは、誰にとっても「悪い商圏」なのでしょうか。

　私は、一概にそうとはいえないと考えています。

　確かに「業態」を主体に考えると、需給バランスは重要な指標です。

　つまり、「一般的な競争力を持ったカフェ業態」にとっては、東京駅やイオンレイクタウンは、供給過多の「悪い商圏」に当た

るかもしれません。

しかし、たとえばスターバックスにとっては、これらは「良い商圏」であると考えます。

なぜなら、スターバックスなら、周囲にどれだけ競合するカフェ店舗が存在しても、自社店舗が出店すればお客様に選んでいただける可能性が高いからです。

一般化すれば、「業界トップ、カテゴリキラー／ニッチトップにとっては、良い商圏は『需要ドリブン』で決まる。一方、マジョリティ（通常の企業／ブランド）にとっては、良い商圏は『需給バランスドリブン』で決まる」といえます。

実践知識 8

 ## ブランド力により
「良い場所」は変わる

いろいろなエリアを、需要量／需給バランスの観点で2×2の4セグメントに分類します（図5-3）。

図5-3の右上は「需要は多いが、需要相応に競合も多い「①激戦地」。左上は「需要は多いが競合は少ない「②ホワイトスペース」。右下は「需要は少ないがその割に競合も多い「③成熟エリア」。左下は需要も競合も少ない「④真空地帯」。

一般的な店舗ビジネスにとっては、「②ホワイトスペース」を狙って戦うのが定跡です。

しかし、前章で述べたとおり、業界トップやカテゴリキラー／ニッチトップであれば、①激戦地でも戦い得ます。

たとえば、カフェ業界で主要ブランドの出店エリアをマッピングすれば、実際にこの現象が観察されます。

スターバックスは競争を避けずに①激戦地への出店が多く観察されます。一方で、「２番手以下」はホワイトスペースを狙っていることが見て取れます。

ところで以前、新宿という激戦地に１号店を出店するという選択をした審美系ビジネスの経営者と話す機会がありました。

図5-3 | 受給バランスマトリックス

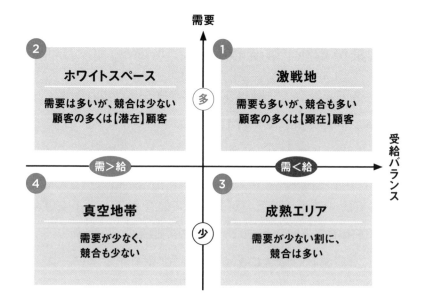

182

　彼は、「新宿は審美系サービスのアーリーアダプター（早期導入者）が一番集まる場所。ここで認知されて口コミやSNSで拡散されなければ、私たちの知名度は上がらない。この業界で成功しシェアを拡大することはできない」と話されていました。

　①激戦地は、業界トップやカテゴリキラーだからこそ勝てるエリアであり、業界トップやカテゴリキラーになり得るかを試す試金石でもあるのです。

「良い商圏」の定義を考える

　店舗ビジネスを実際に営(いとな)んでいる方からすると、「良い商圏に出店はしたいが、賃料相場が見合わない」「人を採用できない」という話をよく聞きます。

「良い商圏」を「人が多い商圏」と定義すれば、その主張は正しいと思います。

　しかし、「良い商圏」はより多角的に定義できるものです。

「需給バランス」「商圏の性質」「モード」などの観点で「良い商圏」定義すれば、「誰にとっても当然良い場所」＝「賃料、人件費が高い場所」ではなく、「当業界／当社にとって実は良い場所」＝「そこまで賃料、人件費が高くない場所」が抽出されます。

「良い場所」を科学的に、それでいて多角的に特定することは、現実的な出店可能エリアを特定するうえでも、極めて有用な取り組みなのです。

すごい店舗戦略
「16のチェックリスト」

本章では、「出店戦略の実践」として、プロローグでご紹介した「10の思考法」を補足する形で、需給バランス、最適人口ミックス、商圏の性質、モード、エリアマトリクス、「良い」商圏の相対性、さまざまな考え方をご紹介してきました。本書全体を通じてご紹介した概念を、一連の検討プロセスとして整理してみました（図5-4）。

実際に店舗ビジネスを営むうえでは、本書で捉えたような「単純な」見方ではまだまだ足りないのかもしれません。

「当社が展開するカフェは、一般的なカフェ業態とは異なり……」。そういった意見は当然ですし、だからこそ現在の時代に気を吐くことができるのだと思います。

しかし、それでも、自社業態の一般論を把握することは、出店の成功確率を高めるうえでとても重要です。

やろうと思えば誰にでも、人口も競合数も、調べられます。

これを実際に行うのは大変ですが、本書で紹介した考え方を活

図5-4 ｜ すごい立地戦略

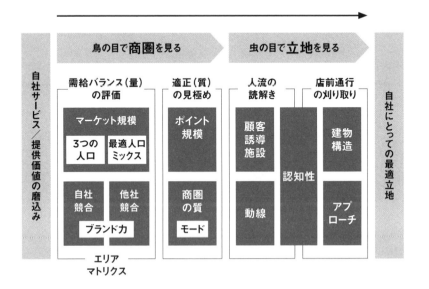

用すれば、以下のような問い／悩みに、一つの指針が得られるか
もしれません。

［店舗開発の悩み］

□ その業態を出店するにあたって、有利に戦えそうなエ
リアはどこか？

□ 1店舗目は、どのエリアの、どんな物件に出店するべ
きなのか？

- [ ] 複数店舗を展開している場合、自社の各店舗について、どこが「有利」「不利」な商圏なのか？
- [ ] 「有利」な商圏なのに、思ったように利益が出ていない店舗はないか（テコ入れの可能性）？
- [ ] 「不利」な商圏で、利益が出ていない店舗はないか（閉店／リロケの可能性）？
- [ ] 自社のその業態は、あと何店舗ほど出店余地があるのか？
- [ ] それは具体的にどのエリアに、何店舗ずつ出店できるのか？

［マーケティングの悩み］

- [ ] ある区画／街／地域は、どのような商圏の性質か？　どんなモードの人々が歩いているか？
- [ ] そういった街で流行っているのは、どういったブランドチェーンか？
- [ ] 半年前と現在を比べたときに、この区画／街／地域、周辺エリアにどのような変化があったか？
- [ ] そこから考えると、どのようなマーケティング、MD、プライシングが適当と考えられるか？

［新規事業の悩み］

- [ ] 人口動態を考えたときに、需給バランス分析上、既存業

態の店舗減少が始まる「X-Day」は何年後か？

□ 今、世の中全般的に伸びているのはどのような業態
か？

□ ある街／地域で、まだ需給バランス上の偏りが大きく、
「隙間を埋める」形で伸ばし得る業態は何か？

[（逆の視点で）不動産活用の悩み]

□ その街に足りていない業態は何か？

□ その（空き）物件を埋めるのに適した業態は何か？

人口減少、コロナ、EC……店舗ビジネスを取巻く環境は、厳しいといわざるを得ません。

しかし、その中でも気を吐く店舗系事業者はいらっしゃいます。

また、そういった事業者が増えなければ、日本が「寂れた街」「つまらない街」になってしまいかねません。

本書で取り上げたような考え方が、店舗を営むすべての関係者の皆様にとって、何かしら有用なヒントが得られることを願いながら、本書の締めとさせていただきます。

おわりに

オーナーの勘を「社内の共通言語」に

　前著『すごい立地戦略』（PHPビジネス新書）発刊から、私たちのクライアント様も少しずつ変わってきています。

　当社は創業以来、小売業、外食、サービス業などといった事業を展開される中小企業様をメインに、立地調査や店舗開発のコンサルティングをして参りました。

　しかし、最近はPEファンド様への調査報告やコンサルティングがメインになりつつあります。

　店舗展開をする企業にとって、出店余地とはすなわち成長性のこと。店舗ビジネスに出資する立場にとって、その店舗がどのような商圏、立地であれば成功するのかを知ることは、これを運営する企業の成長性を見極める大切な観点なのです。

　店舗ビジネスに出資される方、経営される方、実際に店舗を運営される方、そして店舗開発を担う方。新型コロナ、人口減少など、厳しい事業環境の中で創意工夫をされている、店舗ビジネスを担うすべての皆さまの役に立ちたい――。

　そう考え、私たちが3万件の立地調査を通じて得られた知見を

まとめたのが本書です。

　これまで出店は、オーナーやベテラン社員の勘や経験を頼りに決める傾向がありました。
　勘や経験が悪い訳ではありません。ですが、これでは社内に知識が蓄積されず、共有できません。
　勘や経験に対して、知識や数値的な裏付けをとることで「社内の共通言語」に。
　立地戦略に限らず、「あらゆる暗黙知をいかに形式知にするか」が、多くの企業で問われていると感じます。
　これが、生き残る企業と生き残れない企業との差なのかもしれません。

　少し話が逸れましたが、幸いにも、今は気軽に使えるデータが増えてきています。
　昔はお金と手間がかかった情報も、安価に手に入れられる時代なのです。
　これにより、強固な根拠を持った出店戦略が可能になるでしょう。

　本書がその一助となれば、著者としてこれ以上、嬉しいことはありません。

榎本篤史（えのもと・あつし）

株式会社ディー・アイ・コンサルタンツ取締役社長。2004年ディー・アイ・コンサルタンツ入社。小売業、外食、サービス業、生活関連サービス・娯楽業など、流通全般の成長支援プロジェクトに参画。クライアント企業との協働作業により、戦略の立案および実行を支援。相互尊敬とチームワーク、多様な個性や知見、専門性の融合から生まれる相乗効果を大切にすると共に、クライアント企業との長期的な信頼関係の構築を重視している。

植井陽大（うえい・あきひろ）

同Manager。2013年野村総合研究所、2016年GCA（現Houlihan Lokey）を経て、2020年同社へ入社。多様な案件に携わって得た知見を活用し、店舗開発の近代化（データ整備、フレームワーク作成、データに基づく意思決定の推進）に取組む。サービス（教育、美容、介護、娯楽など）、小売（医療、菓子、日用品、建材など）、外食（カフェ、デリバリーなど）、様々な案件に従事。

装丁・本文デザイン・DTP	中村勝紀（TOKYO LAND）
装丁・本文イラスト	大野文彰
図版	桜井勝志

図解 すごい立地戦略

2023年10月5日　第1版第1刷発行

著　者	榎本篤史／植井陽大
発行者	永田貴之
発行所	株式会社PHP研究所
	東京本部 〒135-8137 江東区豊洲5-6-52
	ビジネス・教養出版部 ☎03-3520-9619（編集）
	普及部 ☎03-3520-9630（販売）
	京都本部 〒601-8411 京都市南区西九条北ノ内町11
	PHP INTERFACE https://www.php.co.jp/
（印刷所）	株式会社光邦
（製本所）	東京美術紙工協業組合

PHPの本

電通現役戦略プランナーの

ヒットをつくる「調べ方」の教科書

あなたの商品がもっと売れるマーケティングリサーチ術

あなたの商品は「リサーチ」の力でもっと売れるようになる！　著者が電通でたたきこまれた「売れる施策を導き出すリサーチ技法」を開陳！

阿佐見綾香 著

定価 本体二、九五〇円

（税別）